ET MULTICULTURALISME

THÉÂTRE, MULTIDISCIPLINARITÉ ET MULTICULTURALISME
EST LE NEUVIÈME TITRE DE LA COLLECTION « LITTÉRATURE(S) »
DIRIGÉE PAR GUY CHAMPAGNE

LES AUTEURS

Georges Banu

Roger Chamberland

Normand Chaurette

Gilbert David

Louis Francœur

Carole Fréchette

Jean Cléo Godin

Chantal Hébert

Dominique Lafon

Denis Marleau

Irène Perelli-Contos

Frank Popper

Lucie Robert

Alain-Michel Rocheleau

Yann Rousset

Jean-Pierre Ryngaert

Louise Vigeant

Rodrigue Villeneuve

sous la direction de

CHANTAL HÉBERT et IRÈNE PERELLI-CONTOS

THÉÂTRE, MULTIDISCIPLINARITÉ ET MULTICULTURALISME

NUIT BLANCHE ÉDITEUR

Nuit blanche éditeur reçoit annuellement des subventions du Conseil des arts du Canada et de la Société de développement des entreprises culturelles pour l'ensemble de son programme de publication.

La publication de ce livre a été rendue possible grâce à la collaboration du Centre de recherche en littérature québécoise (CRELIQ), de l'Université Laval, et du Conseil de recherches en sciences humaines (CRSH) du Canada, dans le cadre du programme « Aide aux colloques de recherche spéciaux et aux congrès internationaux au Canada ».

ISBN : 2-921053-73-X

PRÉSENTATION
THÉÂTRE, MULTIDISCIPLINARITÉ ET MULTICULTURALISME

Yann Rousset
CRELIQ, Université Laval

Qu'est-ce réellement que le théâtre ? On conviendra qu'il est devenu de plus en plus périlleux, depuis les années 1980, d'en arrêter une définition homogène. Aborderions-nous la question de la fin du règne du *logos,* que nous devrions traiter de celles de l'éclatement des frontières entre les disciplines artistiques, des emprunts (historiques, thématiques, linguistiques, artistiques, etc.) faits par des créateurs du théâtre actuel à d'autres cultures, de la mondialisation des médias et de l'expansion rapide des nouvelles technologies. C'est la raison pour laquelle Chantal Hébert et Irène Perelli-Contos, qui mènent des recherches à l'Université Laval sur le théâtre de création, ont pensé qu'il était temps de rassembler des spécialistes pour réfléchir, dans le cadre du colloque « Théâtre, multidisciplinarité et multiculturalisme[1] », sur la fécondité du théâtre et sa fonction dans la société.

1. Si les mots « multidisciplinarité » et « multiculturalisme » peuvent susciter quelques malentendus, ils correspondent néanmoins, dans l'esprit des organisatrices, à un pan de la réalité théâtrale actuelle qu'elles souhaitaient examiner. Chantal Hébert et Irène Perelli-Contos auraient tout aussi bien pu parler d'interculturalisme plutôt que de multiculturalisme, et préférer le mot interdisciplinarité à multidisciplinarité. Leur intention n'était pas d'engager des polémiques, ni d'examiner les champs sémantiques que recoupent ou découpent lesdits termes, tout utile et intéressant que puisse être ce travail, auquel s'est d'ailleurs en partie livré Rodrigue Villeneuve lors du présent colloque, et auquel s'est aussi livrée depuis Louise Vigeant dans un article intitulé « Les dessous des préfixes… » (1994).

Le colloque, qui s'est déroulé au Palais Montcalm de Québec en juin 1994, a eu pour objectif d'interroger les processus et les fondements de la création théâtrale actuelle de même que ses relations avec le public et les autres domaines artistiques. En adoptant le titre « Multidisciplinarité et multiculturalisme », les organisatrices ont voulu suggérer une problématique suffisamment large pour susciter des échanges entre différentes pratiques, différentes disciplines. On trouvera donc dans le présent ouvrage des textes participant d'approches théoriques qui, même si elles sont hétérogènes, ont en commun le fait qu'elles mettent en question, analysent et critiquent l'art théâtral actuel dans sa complexité.

On pourrait peut-être s'en étonner : cette hétérogénéité des allégeances méthodologiques n'a pas donné lieu à l'ouverture de la boîte de Pandore potentielle que constitue le préfixe multi. En effet, les conférenciers, dont les travaux relevaient d'approches aussi diverses que la dramaturgie, la théâtrologie ou la sémiotique, ont néanmoins partagé les mêmes objectifs : comprendre les enjeux de cet objet culturel *autre* qu'est le théâtre actuel, et trouver de nouveaux moyens pour l'appréhender.

C'est ainsi que Roger Chamberland, dans la foulée des études poststructuralistes, s'inspire de la théorie du chaos pour proposer une analyse du désordre apparent de la pièce *Peau, chair et os,* de Carbone 14. Démontrant que cette œuvre s'apparente à un système chaotique, Chamberland accorde, de plus, une large part à l'investissement affectif et sensoriel du spectateur. Cet éclatement de l'écriture scénique du théâtre de recherche, pour déroutant qu'il soit, pourrait être la manifestation de nos modes de perception, et épouserait les transformations perceptives occasionnées en nous par la prééminence des modes de communication audiovisuels : ce sont les hypothèses émises par Hébert qui, à travers une étude des *Aiguilles et l'opium* de Robert Lepage inspirée des travaux de chercheurs de la *scienza nuova,* recherche des clés pour saisir cette nouvelle écriture « idéographique ». Peut-on en conclure que le théâtre actuel a transformé le rôle du spectateur ? Il semble que cela soit le cas : en effet, Perelli-Contos, abordant le problème de la réception théâtrale sous l'angle de la pragmatique de la communication, montre comment le spectateur, loin d'être le simple récepteur d'un message, effectue un travail d'intellection comparable à celui du créateur lui-même.

Au départ, donc, la visée de ce colloque était, au-delà des « étiquettes », d'interroger la « mixité » des disciplines et des cultures comme une des particularités du théâtre actuel.

L'hybridation des signes spectaculaires et des codes constitue pour Louise Vigeant l'occasion de s'interroger sur la façon dont circule la signification dans un spectacle comme *Rivage à l'abandon,* de Gilles Maheu. Accordant moins d'importance à l'étude des structures de cet objet spectaculaire complexe qu'à celle des modes de lecture qu'il suggère, Vigeant puise à la théorie du signe de Charles Sanders Peirce pour décrire le véritable travail de « fabrication des interprétants » effectué tant par le créateur que par le spectateur.

Le théâtre de recherche québécois représente un terrain fécond pour qui tente de comprendre les enjeux du théâtre contemporain ; de la même façon, le portrait que brosse Alain-Michel Rocheleau de deux pièces du répertoire vancouvérois (*Keeping Secret,* de Michael Yuki, et *Times of Life,* de Richard Page) l'amène à jeter les bases d'une typologie des différentes composantes du langage spectaculaire.

Comme les textes dont je viens de parler le montrent bien, si les emprunts à différentes cultures sont caractéristiques du théâtre de recherche, la présence de l'Autre, d'un point de vue institutionnel cette fois, peut malgré tout être à l'origine de conflits. Par conséquent, Gilbert David montre comment le théâtre québécois, après avoir refusé, pendant des décennies, tout apport extérieur – et surtout celui du « Théâtre de France » –, est devenu apte à « reconnaître la nécessité de dialoguer ouvertement avec le *theatrum mundi* » (p. 90). Pourtant, cette relative stabilité du paysage théâtral québécois peut encore être ébranlée par l'omniprésente tradition française. En effet, comment expliquer que certains textes traduits par des Québécois soient joués avec une diction française ? Ne devrait-on pas plutôt envisager une langue d'arrivée strictement québécoise ? Sans départager les tenants de ces deux positions, Lucie Robert désigne l'enjeu réel de ce continuel débat : la parole. Littéraire pour les premiers, elle doit respecter les normes de l'écriture ; essentiellement orale pour les seconds, elle admet les variations par rapport à une norme québécoise homogène.

L'Autre, utilisé là où on ne l'attend pas, peut devenir le vecteur du *Verfremdungseffekt.* C'est ainsi que Georges Banu analyse l'utilisation d'acteurs ayant des origines ethniques différentes dans les spectacles des grands metteurs en scène comme Peter Brook, Antoine Vitez ou Ariane Mnouchkine.

Quelles sont donc les conditions de l'expansion du théâtre dans le champ de la culture ? L'appartenance avouée à une culture donnée, ou les emprunts à d'autres ? Louis Francœur montre que l'endogénèse, par laquelle le théâtre « [produit] des signes toujours plus précis de lui-même » (p. 122), et l'exogénèse, par laquelle le théâtre « [accueille] des signes hétérogènes venus d'autres cultures » (p. 124) en cherchant à conserver leur valeur d'extranéité, ont toujours constitué des modes de croissance de la brèche que représente le théâtre.

En ce qui concerne l'écriture dramaturgique, Dominique Lafon aborde le problème que pose la modernité à la légitimité du texte théâtral. Éclairant l'œuvre de René-Daniel Dubois d'une métaphore technique, celle du dispositif multiplex, elle démontre qu'il ne traite pas l'information dans « Anne est morte » et, de ce fait, « déclare la guerre au mode contemporain du savoir » (p. 141). Écriture dramaturgique fragmentée : manifestation de la modernité ou imposture ? se demande Jean-Pierre Ryngaert. Par l'exemple de *Roberto Zucco,* de Bernard-Marie Koltès, il explique que la réponse à cette question relève moins de la compétence du dramaturge que de celle du spectateur, auquel un théâtre du fragment laisse une plus grande latitude d'interprétation.

Plus près du texte dramatique, Jean Cléo Godin cherche à débusquer la figure du dramaturge par l'étude du point de vue narratif dans *Les reines* ainsi que dans *La société de Métis,* œuvres de Normand Chaurette.

S'il semble aller de soi de considérer le théâtre comme le résultat de la fusion d'autres arts, Rodrigue Villeneuve, en distinguant multidisciplinarité d'interdisciplinarité, cherche à dissiper ce qui pourrait être une équivoque : malgré le rêve wagnérien de *Gesamtkunstwerk,* le théâtre, de par sa spécificité, triomphe toujours des « arts frères ».

Frank Popper, quant à lui, passe en revue les secteurs artistiques utilisant les nouvelles technologies et les principaux artistes les employant, puis étudie brièvement les implications sociologiques et esthétiques de l'art technologique et, en particulier, ses affinités avec l'art théâtral actuel en ce qui concerne la pluridisciplinarité créatrice, la multisensorialité et l'interactivité avec le spectateur.

Le lecteur trouvera, en fin de volume, les « témoignages » de ceux des praticiens du théâtre qui, invités à participer aux tables rondes, ont bien voulu nous faire parvenir une version écrite de leur réflexion. On pourra lire d'abord les réponses de Carole Fréchette et de Normand Chaurette, deux auteurs dramatiques, à la question que nous leur avons posée, soit « quelle est la place du texte dans le théâtre actuel ? ». Quant à Denis Marleau, metteur en scène et directeur du Théâtre UBU, il nous explique que, pour lui, « "faire du théâtre", c'est accomplir un geste qui est toujours expérimental » (p. 193).

Enfin, les organisatrices aimeraient remercier le Conseil de recherches en sciences humaines (CRSH) du Canada, le Consulat général de France, le Fonds pour la formation de chercheurs et l'aide à la recherche (FCAR) (volet Centres de recherche), la Faculté des lettres et le Département des littératures de l'Université Laval, la Ville de Québec, sans oublier l'apport précieux des étudiantes et étudiants des 2e et 3e cycles en études théâtrales de l'Université Laval, de la direction du Carrefour international de théâtre de Québec et du Centre de recherche en littérature québécoise (CRELIQ), grâce à l'aide duquel le colloque a été une réussite.

BIBLIOGRAPHIE

VIGEANT, Louise (1994), « Les dessous des préfixes… », *Cahiers de théâtre Jeu,* nº 72 (septembre), p. 39-48.

L'EXPÉRIENCE DU CHAOS ET LA PRAGMATIQUE DU CORPS

Roger Chamberland
CRELIQ, Université Laval

Chacun sait que les arts de la scène participent dorénavant d'un contrat de libre-échange selon lequel les genres, les formes, les pratiques migrent sans cesse afin de former de nouvelles entités aux désignations approximatives : de la performance au théâtre-danse, les pratiques sont multiples, hétéroclites, « impures », pour reprendre le terme de Guy Scarpetta. Ces apports multiples, nécessairement fragmentaires, servent à créer un continuum spectaculaire, au sens de donner à voir, à montrer où l'œuvre présente un espace de représentation hétérogène aux contours brisés, irréguliers, que l'on peut désigner, par analogie avec la nouvelle conception de la géométrie apparue au tournant des années 1960 à partir des travaux fondateurs de Benoît Mandelbrot, comme étant un « objet fractal ». Un tel rapprochement n'est pas fortuit, puisque la science, de même que la culture, s'inscrivent dorénavant dans le paradigme postmoderne ainsi que l'a bien démontré Katherine Hayles dans *Chaos Bound* qui écrit :

> *Different disciplines are drawn to similar problems because the concerns underlying them are highly charged within a prevailing cultural context. Moreover, different disciplines base the theorie they construct on similar presupposition because theses are the assumptions that guide the constitution of knowledge in a given episteme* (1990 : 47).

En effet, Hayles interroge le hasard, disons objectif, qui a fait qu'au même moment John Cage s'intéresse à la musique aléatoire, Roland Barthes à une lecture ouverte de *S/Z,* préfigurant le poststructuralisme, Jacques Derrida à la déconstruction, déboutant le logocentrisme qui prévaut dans le langage, et Edward Lorenz à l'*imprédicabilité* des équations non linéaires pour décrire les prévisions météorologiques.

Cette science nouvelle, prenant appui sur le chaos comme principe naturel, rompt avec une tradition scientifique forte de ses principes d'objectivité, de régularité et de prévisibilité. James Gleick rapporte que « [l]a relativité a éliminé l'illusion newtonienne d'un espace et d'un temps absolus ; la théorie quantique a supprimé le rêve newtonien d'un processus de mesure contrôlable ; le chaos, lui, élimine l'utopie laplacienne d'une prédicibilité déterministe » (1991 : 21).

La théorie du chaos trouve un point de rencontre avec le développement du poststructuralisme, plus précisément la déconstruction, et avec la littérature contemporaine où l'instabilité, quant à la détermination du sens, provient du déni de l'objectivité et du « désordre ordonné » structural qui appartient à la culture contemporaine, « the paradigm of orderly disorder » selon l'expression de Hayles. Ordonné parce que, malgré tout, la théorie du chaos, dans ses développements les plus récents, fait la preuve de l'émergence spontanée d'une auto-organisation d'un système chaotique qui, dès qu'elle apparaît, tend à retourner au principe d'entropie – l'effet de désordre – qui lui est caractéristique.

Ces phénomènes scientifiques présentent des analogies avec les pratiques culturelles postmodernes, peu importe le domaine, bien qu'un certain nombre d'œuvres antérieures à cette culture déjouent les formes canoniques d'un genre dont elles relèvent et postulent une structure éclatée, proche en cela du courant postmoderne. Hayles en a fait la démonstration avec le roman, qui est pourtant un système fermé comme tout ce qui relève de l'écrit. J'entends par système fermé un ensemble clos sur lui-même où le contrat de lecture s'ordonne dans les limites mêmes du texte. À l'inverse, les arts de la scène sont des systèmes ouverts qui, échappant à la clôture du texte, sont sensibles aux variations du dispositif scénique à la régie intersémiotique multipliant les voies d'accès sémantique et créant un désordre spéculatoire. Sous les apparences du chaos existe-t-il un ordre quelconque qui assure la transmission de l'information ? Peut-on observer ce processus dans les arts de la scène, dans le théâtre de recherche ou, plus spécifiquement, dans le « Théâtre du corps », pour employer l'expression heureuse de Lise Fontaine, comme celui de Carbone 14 ? Le spectacle théâtral n'apparaît-il pas tel un ensemble chaotique où divers systèmes de signes interagissent les uns sur les autres en engageant une lecture intersémiotique qui configure un espace de sens aux contours flous et irréguliers ? Comment appréhender cette expérience du chaos autrement que par la pragmatique du corps, puisque la saisie de l'œuvre se fait par la sollicitation de tous les sens ? Pour John Dewey, ainsi que le rapporte Richard Shusterman, « l'art est toujours le produit d'une interaction entre l'organisme vivant et son environnement, un mélange d'action et de réception qui entraîne une réorganisation des énergies » (Shusterman, 1991 : 22). Il ajoute :

> *Ce substrat physiologique essentiel n'est pas limité à l'artiste. Le lecteur ou l'auditeur doivent eux aussi, pour apprécier l'art, engager leur affect, leurs énergies naturelles et leurs réponses sensorielles de façon à constituer, grâce à leur propre expérience esthétique, un objet en œuvre d'art* (p. 22).

Ce postulat de base est à la source de l'analyse d'un spectacle comme *Peau, chair et os* qui est l'exemplification d'une œuvre postmoderne où la composition par fragments et la juxtaposition de formes artistiques diverses (cinéma, danse, théâtre, vidéo, musique rock en direct et chant lyrique, dessin) sont subsumées par la narration d'un texte lui-même hybride, *Paysage sous surveillance,* de Heiner Müller. Chaque composante, possédant des qualités discrètes que l'on peut isoler à grande échelle – la structure narrative d'un film, par exemple –, perd sa cohérence, à petite échelle, pour atteindre un degré d'aléatoire qui doit être compensé par l'investissement spéculatif du spectateur et l'interaction multidisciplinaire. Ce dernier étant saisi par l'ensemble des phénomènes auditifs et visuels, voire olfactifs et sensibles qui lui sont offerts, compose les gradients d'une fonction sémantique sur de petites unités de temps qui se renouvellent continuellement. Cet amalgame de fragments hybrides offre toutes les caractéristiques d'un système chaotique : une forme complexe gouvernée par une dynamique non linéaire, une symétrie récurrente entre divers niveaux d'échelle, une sensitivité aux conditions initiales et un mécanisme de *feedback* en boucle. On ne peut rester au niveau de l'observation et de la description du système sans tomber dans un objectivisme qui ne considère qu'un état achevé et fini du système alors que le chaos est une science des processus plutôt que des états, une science du devenir plutôt que de l'étant, comme le soutiennent de nombreux physiciens. C'est donc à partir de quatre grands axiomes propres à la théorie du chaos, telle que nous la connaissons aujourd'hui, que j'étudierai le spectacle de Carbone 14 afin de montrer que les phénomènes artistiques et les phénomènes naturels sont gouvernés par les mêmes lois. Ces quatre axiomes se présentent ainsi :

a) une dynamique non linéaire caractérise les formes complexes ;

b) il existe une symétrie récurrente entre les divers niveaux d'échelle, autrement nommée l'invariance d'échelle ;

c) on note la présence d'une sensitivité aux conditions initiales que l'on désigne par le terme « effet papillon » ;

d) le *feedback* en boucle est le principe régulateur du chaos et en assure la stabilité de façon ponctuelle et aléatoire, l'entropie exerçant une pression trop forte sur les structures stabilisatrices.

FORME COMPLEXE ET DYNAMIQUE NON LINÉAIRE

À la différence du théâtre traditionnel qui offre une forme relativement simple dans laquelle le texte et la mise en scène sont au service l'un de l'autre, le théâtre de Carbone 14 présente une forme complexe dans la mesure où le texte n'assure plus le *leadership* du sens, mais est associé à des éléments corrélatifs et non corrélatifs propres aux pratiques artistiques sollicitées, que ce soit le cinéma, la danse, la musique, les arts visuels ou une autre pratique. *Paysage sous surveillance* n'est pas à proprement parler un texte de théâtre mais, comme le souligne Müller, la description « d'un paysage par-delà la mort ». Cette prose lyrique, générée à partir d'« une retouche "d'Alceste" qui cite le No *Kumasaka*, le 11e chant de l'*Odyssée* et *Les oiseaux* d'Hitchcock » pour reprendre l'argument de l'auteur, propose une série d'images d'apocalypse en rafale, dont certaines sont plus développées sur le plan narratif, un peu à la façon du Raymond Roussel de *La source*, par exemple. La scénographie évolue parallèlement – les actions ont lieu entre les séquences de lecture –, trouvant çà et là dans le texte d'origine des points de jonction, des lieux d'ancrage aussi provisoires que ponctuels. Le spectacle évolue par à-coups, de façon non *prédictible,* chacune des cinq séances de déclamation de *Paysage sous surveillance* étant suivie par des chants, des phases musicales particulièrement énergiques, des séquences du film *Les oiseaux* d'Hitchcock – celles des attaques des volatiles sur les citoyens de Boothbay –, des partitions dansées des acteurs qui ne jouent pas une pièce mais dont l'action sert à créer une tension dramatique qui renforce celle évoquée par le texte de Müller. Cette dynamique non linéaire peut être représentée graphiquement par des lignes correspondant à l'intensité des phases suggérée par chacune des pratiques artistiques qui sont utilisées dans cette forme théâtrale. Le spectateur est placé dans des zones d'intermittence définies par les registres d'expression qui sont à intensité et à durée variables.

SYMÉTRIE RÉCURRENTE ENTRE LES DIVERS NIVEAUX D'ÉCHELLE OU INVARIANCE D'ÉCHELLE

L'observation des phénomènes de chaos révèle l'existence de symétries récurrentes qui se retrouvent d'un niveau à un autre, allant d'une vision macroscopique à une vision microscopique et ce, peu importe le point de vue de l'observateur. Cette notion d'invariance d'échelle était déjà pressentie par Leibniz qui imaginait qu'une goutte d'eau contenait un univers entier en ébullition, contenant à son tour d'autres gouttes d'eau et de nouveaux univers. Mandelbrot, dans sa géométrie fractale, en a fait le premier la démonstration, mais c'est Feigenbaum qui sut le premier l'articuler sur une plus vaste échelle et faire la preuve qu'une propriété donnée se maintenait pendant que tout le reste changeait. C'est ainsi que, dans bien des domaines scientifiques, on développa des théories fondées sur les hiérarchies d'échelles. En biologie, par exemple, on accrédita l'idée que la théorie de l'évolution, pour être complète, devait prendre en compte le fait que les schémas de développement pouvaient être identifiés dans les gènes, les organismes individuels, les espèces et les familles d'espèces. Autrement dit, toute organisation de la matière et du vivant possède une structure de base qui se démultiplie et, donc, se retrouve aux divers paliers que l'on envisage.

On peut considérer que la multidisciplinarité en acte dans *Peau, chair et os* constitue des hiérarchies d'échelles : du mot à la phrase au texte entier, il y a des univers de sens qui se déploient, dont certains sont repris par la danse : du geste isolé au rythme et à la figure qu'il esquisse jusqu'à l'occupation entière de l'espace et l'interaction des acteurs. Les mots, les images, voire les fragments entiers, servent de catalyseur ou, pour rester dans la théorie du chaos, d'attracteur étrange, « l'une des inventions les plus fécondes de la science moderne » selon Gleick. Il s'agit d'un point contenant toute l'information sur un système complexe et qui en assure la dynamique. L'oscillation sous vide d'un pendule est éternelle, mais dans des conditions normales le frottement de l'air ralentit son rythme, allant même jusqu'à l'immobiliser. Si un mécanisme quelconque lui impulse une nouvelle énergie pour compenser la perte due au frottement, l'enregistrement sur graphique du cycle de ses phases révèle l'existence d'un point, l'attracteur étrange, vers quoi tend le pendule : position zéro, vitesse zéro. Autrement dit, « un système dont les variables augmentent ou diminuent de manière continue devient un point en mouvement, comme une mouche qui vole dans une pièce » (Gleick, 1991 : 177). Cette notion d'attracteur étrange m'apparaît particulièrement féconde dans la mesure où les images, les figures, la gestuelle, la musique tendraient vers un motif donné tout en conservant un registre autonome d'exploitation symbolique. Il est tout à fait pensable que puissent exister un ou plusieurs attracteurs étranges pour chacune des cinq séquences même si le caractère multidisciplinaire du spectacle suppose une multitude de variables qui, à la différence des systèmes en physique ou des modèles en mathématique, ne possèdent pas de lois générales, d'équations rigoureuses facilement repérables. Plus encore, il ne s'agit pas de système fermé, mais de systèmes ouverts où la part des spectateurs ajoute également une nouvelle donne.

LA SENSITIVITÉ AUX CONDITIONS INITIALES OU L'EFFET PAPILLON

Rappelons l'exemple connu : un simple battement d'aile de papillon à Pékin peut entraîner une tornade à New York. Autrement dit, il s'agit qu'une moindre variation, un mouvement quasi imperceptible se produise dans un système complexe – ici le système météorologique – pour entraîner un effet multiplié à l'infini et tout à fait *imprédictible.* Étant donné la grande quantité de variables composant le chaos et leurs interrelations, la modification d'une seule de ces variables ou l'adjonction d'une nouvelle est suffisante pour déstabiliser l'ordre précaire qui pouvait régner et instaurer l'entropie, le désordre croissant vers lequel tend tout système isolé de l'univers, comme l'ont démontré les multiples travaux en thermodynamique puis en théorie de l'information.

L'intérêt de cette loi pour l'étude d'un spectacle comme *Peau, chair et os* est qu'elle accrédite l'idée que le chaos est générateur de sens dans la mesure où la transformation continuelle des conditions initiales par l'action mutuelle des disciplines artistiques utilisées a un effet d'entraînement sur l'ensemble de la production. Dès la première scène, le couple de comédiens amateurs joue un fragment d'*Alceste* d'Euripide mais dérape aussitôt pour en donner une interprétation beaucoup plus libre, passant de l'usage d'une langue oratoire à un parler populaire. À cet extrait de théâtre classique vient se greffer une musique rock, interprétée par des musiciens sur scène, elle-même interrompue par la narration du texte de Müller suivie des *lieder a cappella* et ainsi de suite. La dynamique non linéaire est favorisée par l'addition de nouveaux systèmes de signes modifiant le cadre général de perception de la pièce. Cette structure aléatoire acquiert une certaine stabilité par la récurrence de la narration, mais cède à l'entropie lorsque l'espace scénique est saturé par l'interaction des autres disciplines qui interfèrent sur la logique dramatique. L'entropie, cette fonction définissant l'état de désordre d'un système, devient croissante lorsque ce même système tend vers un désordre accru. Le langage, considéré comme un instrument de description visant à établir l'ordre et la stabilité dans nos perceptions, est, dans *Paysage sous surveillance,* lui-même ouvert à l'entropie par son caractère poétique et ses visions hallucinantes d'un monde chaotique. Ici, je pourrais ouvrir une parenthèse afin de montrer que la poésie est, de toutes les manifestations du langage, celle où l'entropie est la plus grande, le chaos omniprésent.

FEEDBACK EN BOUCLE

J'ai été amené à parler, à plusieurs moments, de phase, de cycle, de récurrence, bref à faire valoir l'existence d'un mouvement de circularité à l'intérieur du chaos d'où émerge un procédé d'auto-organisation. Cette rétroaction prend forme et force dans les points de jonction et nous permet d'observer le désordre ordonné du chaos, là où l'entropie correspond à un état stable. Autrement dit, ce *feedback* en boucle est analogue au processus de perception et de cognition grâce auquel nous recevons le spectacle théâtral *Peau, chair et os*.

La pragmatique du corps dans l'expérience du chaos porte toujours sur un état momentané du système et implique nécessairement le point de vue de l'observateur. En fait, le spectacle est une réalité virtuelle du texte de Müller, lui-même une actualisation d'une pièce d'Euripide citant le No *Kumasaka,* le 11e chant de *L'odyssée* et *Les oiseaux,* d'Hitchcock. Les neuf pages du texte sont présentées comme « le souvenir d'une explosion dans une structure dramatique qui a dépéri » (Müller, 1990 : 34) et sont utilisées par Gilles Maheu comme structure d'ensemble à *Peau, chair et os*. C'est entre ces cinq moments de narration que les zones d'action deviennent plus denses, que l'entropie est manifeste, le chaos sensible. Le texte de Müller, comme le précise le programme remis à l'entrée, a été conçu à partir du dessin d'une étudiante de Sofia, dont l'auteur a exploité le potentiel expressif dans une prose lyrique, foisonnante de noyaux narratifs où la description tient lieu de développement de l'action. Le paradoxe du concret apparaît dans la représentation où Maheu se sert de la dimension fractale de la poésie pour donner à voir une réalité qui, pour peu que l'on s'y arrête, repose sur la dynamique des tableaux successifs et la turbulence de l'information qu'elle transmet. Cette turbulence est d'autant plus forte que le système est chaotique et engendre, strictement en vertu de son *imprédicabilité,* un flux constant d'informations. Dans ses travaux, Robert Shaw a bien montré que, par analogie avec les phénomènes de turbulence des liquides, cette information se transmet en sens inverse, des petites vers les grandes échelles. Comme je le soulignais plus haut, le caractère pluridisciplinaire du spectacle se traduit par une complexité formelle sollicitant les sens plus que la logique du langage : l'activité des acteurs, la projection d'extraits d'un film, le dessin, la musique et les chants constituent le noyau solide du spectacle tandis que le texte déclamé assure la liaison entre chacune des phases. L'interprétation de *Peau, chair et os* repose presque exclusivement sur une pragmatique du corps, puisque les actions entretiennent une relation aléatoire avec le texte, même si, à maints endroits, le décor ou les accessoires ont partie liée avec les descriptions données dans *Paysage sous surveillance*. Les cadres en suspension, les séquences filmiques tirée des *Oiseaux* sont un renvoi symbolique ou direct au contenu poétique.

Les signes acoustiques non verbaux, musique et chants particulièrement, sont perçus à la fois comme des éléments de rythme scandant l'action des acteurs et comme des éléments créateurs de tension dramatique renforçant celle qu'évoque le texte de Müller. À ces signes acoustiques non verbaux s'ajoutent les signes gestuels et proxémiques qui, souvent, dans l'expression de la violence, le contact des corps ou la brusquerie des gestes envers des objets – la destruction des gros blocs de glace dans la scène finale, par exemple – portent cette tension à un point culminant. Cette symétrie entre l'auditif, le visuel, voire le tactile – les spectateurs ressentent la fraîcheur que dégage la glace –, donc à des niveaux d'échelle différents, révèle un ordre de connaissance introduit subrepticement par la lecture du texte, même si, au premier chef, il n'était pas apparent. L'instabilité radicale qui est produite à l'intérieur du texte montre bien que le désordre et l'*imprédicabilité* en littérature sont similaires à ce que l'on peut observer en science. La puissance d'évocation des images poétiques de Müller crée un potentiel de sens chaotique ; certaines images sont actualisées, mises en sons et en scène, et se révèlent les vecteurs de force régulant l'ordre du chaos. Cet ordre se dissipe dès qu'apparaît une nouvelle variable, le chaos s'installe à nouveau, gagné par l'entropie vers quoi il tend inexorablement. Et le cycle recommence. On pourrait poursuivre l'exercice et montrer l'homothétie interne – chaque partie est similaire au tout – et la modélisation de l'intermittence – la relation constante entre les intervalles de narration et les processus récurrents de la scénographie. Shusterman souligne, à la suite de Dewey, que

> *l'expérience implique à la fois une attitude réceptive et une action productive, absorbant et reconstruisant en retour ce dont on fait l'expérience, et où le sujet de l'expérience donne forme et se forme lui-même. L'art, dans sa création et dans son appréciation, est à la fois production dirigée et réception ouverte, construction contrôlée et absorption captivée* (1991 : 88).

Les processus perceptifs conduisent le sujet cognitif à construire une forme de réalité fractale à partir de la scène phénoménale et de son contexte de réception.

> *Ce qui veut dire,* comme l'écrivait Pierre Ouellet, *qu'on peut être affecté, au niveau de la sensibilité, non seulement par un donné extéroceptif, provenant de stimuli externes, mais aussi par des représentations mentales relevant de la mémoire, du*

> *rêve, de l'imagination, etc., c'est-à-dire de l'intéroception, qui produit des stimuli internes pouvant tout aussi bien déclencher dans le sujet sensible une réaction de type sensoriel, agréable ou désagréable* (1992 : 19).

En somme, l'information n'est pas seulement accumulée au gré de la progression du spectacle, mais générée, créée à partir de connexions qui n'étaient pas là avant et qui surgissent du désordre de nos représentations mentales. « Le canal qui transmet cette information vers le haut, si l'on peut dire, est justement l'attracteur étrange, qui amplifie le désordre initial tout comme l'effet papillon amplifie les petites incertitudes pour les transformer en phénomènes atmosphériques à grande échelle » (Gleick, 1991 : 327). Ce qui veut dire, en corollaire, que la construction de nos représentations ne s'achève pas avec la fin du spectacle, mais se poursuit, puisque *Peau, chair et os* aura entamé une transformation que viendront modifier, à leur tour, d'autres œuvres.

*
* *

La théorie du chaos, qui marque un changement de paradigme dans la culture scientifique, trouve un lieu de concordance avec la postmodernité qui, elle aussi, définit un nouveau paradigme dans la culture en général. « L'incrédulité à l'égard des métarécits », pour reprendre la formule de Jean-François Lyotard, sous-tend un refus des théories globalisantes et, par voie de conséquence, une approche locale des phénomènes artistiques qui implique l'observateur.

L'expérience esthétique, selon la pensée pragmatiste, devrait prendre en compte les conditions sociohistoriques de l'émergence de l'œuvre et les mutations résultant de son interprétation et de son évaluation. Hayles souligne à juste titre :

> *The representations we construct are determined by such historically specific factors as prevailing disciplinary paradigms and cultural assumptions, as well as by such fundamental givens as the human sensory apparatus and neurophysiology. Observations, then, are culturally conditioned and anthropomorphically determined. Thus we can never know our representations mesh with reality, for we can never achieve a standpoint outside them* (1990 : 223).

Tel est l'enjeu de la postmodernité, tel est également l'enjeu de la théorie du chaos.

Le théâtre, et plus encore un « Théâtre du corps » dont le langage serait gommé, n'est reçu qu'en représentation, que dans l'apprentissage d'un continuum sensible, une pragmatique du corps, ai-je ajouté, pour bien marquer la fonction que joue ce dernier dans la saisie d'un phénomène qui s'adresse d'abord et avant tout à nos sens. Un spectacle multidisciplinaire comme *Peau, chair et os* permet de montrer que l'expérience esthétique, dans un contexte postmoderne, est une expérience du chaos. « Nous avons besoin des perturbations et du désordre, dans la mesure où "le passage du trouble à l'harmonie est le moment de la vie le plus intense" et de l'expérience la plus satisfaisante » (Shusterman, 1991 : 58).

BIBLIOGRAPHIE

FONTAINE, Lise, « Corps, voix, espace ; lieux et enjeux du poétique dans le travail de la scène au Québec depuis 1980 ». Thèse de doctorat en préparation, Sainte-Foy, Université Laval.

GLEICK, James (1991), *La théorie du chaos. Vers une nouvelle science,* Paris, Flammarion. (Coll. « Champs ».)

HAYLES, Katherine (1984), *The Cosmic Web. Scientific Field Models and Literary Strategies in the Twentieth Century,* Ithaca, Cornell University Press.

HAYLES, Katherine (1990), *Chaos Bound. Orderly Disorder in Contemporary Literature and Science,* Ithaca, Cornell University Press.

LYOTARD, Jean-François (1979), *La condition postmoderne,* Paris, Éditions de Minuit.

MANDELBROT, Benoît (1989), *Les objets fractals* suivi du *Survol du langage fractal,* Paris, Flammarion. (Coll. « Nouvelle bibliothèque scientifique ».)

MÜLLER, Heiner (1990), « Paysage sous surveillance », dans Heiner MÜLLER, *Germania – Mort à Berlin et autres textes,* Paris, Éditions de Minuit, p. 23-34.

OUELLET, Pierre (1992), « Signification et sensation. La représentation sémiolinguistique du sensible », *Nouveaux Actes sémiotiques,* nº 20, p. 1-33.

PRIGOGINE, Ilya, et Isabelle STENGERS (1986), *La nouvelle alliance. Métamorphose de la science,* Paris, Gallimard. (Coll. « Folio/Essais ».)

PRIGOGINE, Ilya, et Isabelle STENGERS (1993), *Entre le temps et l'éternité,* Paris, Flammarion. (Coll. « Champs ».)

SCARPETTA, Guy (1985), *L'impureté,* Paris, Grasset.

SHUSTERMAN, Richard (1991), *L'art à l'état vif. La pensée pragmatiste et l'esthétique populaire,* Paris, Éditions de Minuit. (Coll. « Le sens commun ».)

DE LA *MIMESIS* À LA *MIXIS* OU LES JEUX ANALOGIQUES DU THÉÂTRE ACTUEL

Chantal Hébert

CRELIQ, Université Laval

Depuis une trentaine d'années se sont multipliées des expériences théâtrales particulièrement significatives que l'on a maintenant coutume de désigner par le nom de théâtre de l'image. Des travaux récents[1] m'ont amenée à formuler deux hypothèses sur ce théâtre visuel, comme d'aucuns l'appellent parce qu'il accorde la primauté à l'image et ses composantes (lumière, couleurs, formes, mouvements, rythmes, corps des acteurs, etc.) plutôt qu'au texte. Je voudrais rappeler brièvement ces deux hypothèses en ce qu'elles constituent la base de mon propos.

La première est que le théâtre de l'image, qui a contribué à redéfinir l'écriture scénique ou la théâtralité, « s'est affirmé, avec les années quatre-vingt, au point de devenir un référent essentiel de l'architecture cognitive individuelle et collective » (Hébert, 1992 ; 1994). Or ce qui est intéressant, c'est que ce théâtre visuel semble non seulement avoir la faculté de donner à voir les assises et les mécanismes qui régissent nos modes de perception et nos processus cognitifs, mais que ce faisant il cherche à remettre en cause notre espace de représentation et de connaissance. Par sa capacité de transformer « l'ordinaire » et de jouer avec les objets mnémoniques stockés, le théâtre de l'image aurait, en effet, la possibilité d'éclairer notre imagerie mentale, et surtout la propriété de

---

1. Ces travaux ont été réalisés dans le cadre de la recherche subventionnée que j'ai menée avec ma collègue Irène Perelli-Contos sur les *Tendances actuelles de l'écriture scénique : le théâtre de recherche à Québec* (subvention du Conseil de recherches en sciences humaines (CRSH) du Canada, 1992-1995) ; nous poursuivons actuellement notre travail sur l'écriture scénique ou la « pensée-image » de Robert Lepage (subvention du Conseil de recherches en sciences humaines (CRSH) du Canada, 1996-1999).

remettre en question les codes du visible à un moment où cherche à s'implanter un ordre visuel en rupture radicale avec l'ordre ancien.

Ma deuxième hypothèse – qui découle en fait de la première – est que le théâtre de l'image participerait à sa façon à l'invention d'une écriture dramatique et scénique qui s'accorde on ne peut plus harmonieusement à la civilisation de l'audiovisuel et des nouvelles technologies dans laquelle nous vivons. Si j'ai déjà suggéré d'emprunter à Pierre Lévy la notion d'« idéographie dynamique » pour décrire l'écriture scénique propre au théâtre visuel, soit une « écriture dynamique à base d'icônes, de schémas, de réseaux sémantiques [...] fonctionnant selon le principe d'une représentation figurée et animée des modèles mentaux » (Lévy, 1990 : 120), je me demande maintenant s'il n'y aurait pas lieu de jeter des passerelles entre ce même théâtre visuel et le paradigme de « désordre organisateur » du monde, dont le pionnier est Ilya Prigogine (Prigogine, 1994 ; Prigogine et Stengers, 1981), avec sa théorie des « structures dissipatives » ou création de l'ordre par le désordre. Et ce paradigme, en nous invitant à remodeler nos schèmes de pensée, ne pourrait-il pas nous aider à appréhender bon nombre de créations théâtrales actuelles qui accordent la primauté à l'image ? Qui plus est, ne pourrait-il pas nous amener à constater la fécondité de cette écriture scénique audacieuse, médusante même à l'occasion, porteuse de significations inédites ? Pour tenter de répondre à ces questions, je pars donc des deux hypothèses précitées (le théâtre comme expression visuelle de la pensée et référent de l'architecture cognitive ; le théâtre comme « idéographie dynamique » participant du renouveau contemporain de l'écriture alors que s'implante un nouvel ordre visuel). Celles-ci auront l'avantage d'éclairer les enjeux du théâtre de l'image, lequel convoque à plaisir, ainsi qu'on le verra plus loin, multidisciplinarité et multiculturalisme – tels que définis par Yann Rousset dans la présentation de ces actes – pour fonder une nouvelle vision du monde.

Les travaux de plusieurs chercheurs, dont Prigogine que je viens de citer, ont contribué à nourrir la réflexion qu'Irène Perelli-Contos et moi menons depuis quelques années. Si l'espace imparti ne me permet pas d'en faire une recension exhaustive, je voudrais préciser cependant que bon nombre de ces travaux s'arriment à la découverte que la matière est capable de s'auto-organiser. Ils s'inscrivent dans ce que le discours critique qualifie de *scienza nuova,* qui est à la jonction de deux cultures, la culture scientifique et la culture humaniste, et qui cherche à saisir l'intelligibilité de l'univers à l'aide d'instruments conceptuels inédits, s'exprimant entre autres par les termes « hasard organisateur », « chaos entropique », inaugurant l'articulation conceptuelle entre l'ordre, le désordre, l'interaction et l'organisation, pour reprendre le fameux tétragramme cher à Edgar Morin (1990 : 238-255). L'intérêt de ces théories tient d'abord et surtout, pour nous, dans le fait que l'aléatoire y joue un rôle de premier plan. On y apprend aussi que dans ces systèmes dits autonomes, et caractérisés par un grand nombre de transformations qui ont la forme d'un réseau, on ne peut pas séparer la dynamique du système de l'existence même du système, lequel se donne ses propres paramètres de relations. Ainsi en sommes-nous venues à emprunter à Lévy un autre concept, celui d'« hypertexte[2] » auquel on peut rattacher bon nombre d'œuvres théâtrales actuelles. Ce concept d'hypertexte complète la notion d'idéographie dynamique évoquée précédemment pour désigner un monde de significations qui, ayant fait éclater la linéarité du discours, se présente désormais comme un univers de sens en construction et en renégociations constantes, où les nœuds et les liens entre les parties sont multiples et hétérogènes, « [...] organis[és] sur un mode "fractal", explique Lévy, c'est-à-dire que n'importe quel nœud ou n'importe quel lien, à l'analyse, peut lui-même se révéler composé de tout un réseau » (Lévy, 1990 : 30). Cette notion, à mon avis, est centrale en ce qu'elle éclaire l'écriture dite postmoderne et plus particulièrement le théâtre de l'image qui nous intéresse ici. Mais avant d'entrer dans le cœur de mon propos, je voudrais signaler encore que la lecture du théâtre de l'image à laquelle je vais me livrer doit également à Philippe Quéau et à sa théorie de « l'art intermédiaire » (Quéau, 1989), c'est-à-dire d'un art *vivant* qui n'a pas de modèle, qui est en recherche incessante, et dont les formes et les forces constituent la matière en puissance, comme nous allons le voir dans l'œuvre théâtrale que nous allons analyser.

Je voudrais donc examiner la teneur, la signification et la portée du théâtre de l'image qui, usant d'autres instruments que les mots et d'autres supports que la page blanche, participe du renouveau contemporain de l'écriture. Pour ce faire, je m'appuierai sur un exemple type : *Les aiguilles et l'opium,* de Robert Lepage, spectacle solo créé à Québec en octobre 1991, dans lequel Lepage est à lui seul interprète, metteur en scène, orchestrateur d'une sorte de symphonie où s'entrecroisent, par associations, dérivations, conflagrations, plusieurs sens possibles offerts au spectateur actif qui, ainsi que l'explique Perelli-Contos dans l'article

2. Après avoir employé une première fois ce concept dans une communication que j'ai donnée au 3e Congrès international de sociologie du théâtre (Hébert, 1992), je l'ai repris et développé dans une autre communication, intitulée « L'écriture scénique actuelle comme "idéographie dynamique" » (Hébert, 1993).

qu'elle signe dans cet ouvrage, doit se prêter au jeu interactif du décodage, du décryptage des signes déployés – dévoyés diront peut-être certains – sur la scène.

Que raconte la pièce ? Très brièvement, l'histoire est celle d'un artiste québécois de passage en Europe, contraint à une nécessaire introspection. Le héros, prénommé Robert, comme le créateur, travaille dans le milieu du théâtre. Il cherche à expliquer et à s'expliquer sa vie alors qu'il vient de vivre une rupture amoureuse. L'acupuncture n'ayant pas pu le soulager, les seuls baumes qu'il a trouvés à mettre sur ses blessures sont « de vieux enregistrements du plus grand catalyseur de la musique noire américaine, Miles Davis, et une longue lettre adressée aux Américains par le prince des poètes Jean Cocteau[3] ».

Ces paroles du protagoniste vont permettre l'embrayage de l'œuvre et la confluence – sur un écran mobile – de trois trajets esthétiques : ceux de Cocteau, de Davis et de Robert (Lepage lui-même). Elles sont les voies d'accès menant au carrefour de trois pratiques artistiques au moins – la littérature, la musique et le théâtre –, nous faisant explicitement voyager sur deux continents (l'Amérique et l'Europe), implicitement sur trois, si nous prenons en considération les références à l'Extrême-Orient, notamment à la Chine (avec l'acupuncture, le théâtre d'ombres, l'opium, le taï chi, etc.). La pièce est divisée en 19 tableaux dont 8 ne comptent que des titres (c'est-à-dire qu'ils ne sont suivis d'aucun texte écrit : mis à part l'intitulé du tableau, la page est vierge). Le texte imprimé tient en 15 pages[4], le texte spectaculaire en une heure trente. C'est dire combien l'écriture scénique laisse aux signes visuels et musicaux une très large part dans la responsabilité du sens.

De même l'enfilade des titres des tableaux, qui s'apparente à une opération de collage ou de *zapping,* éclaire peu (1. « Acupuncture », 2. « Prologue avion », 3. « Le dessin qui s'efface », 4. « Chambre #1 », etc.), comparativement à la mise en forme de l'espace qui révèle un véritable travail d'invention conceptuel, de perception, d'interprétation au sens où l'entend Paul Ricœur. « Interpréter [...], écrit-il, c'est suivre le mouvement du sens vers la référence, c'est-à-dire vers la sorte de monde, ou plutôt d'être-au-monde [...]. Interpréter, c'est déployer les

3. Extrait du texte original du spectacle *Les aiguilles et l'opium* fourni par Robert Lepage. À chaque fois qu'une citation sera tirée de ce document non publié, elle sera suivie dans mon texte de la mention (R. L.).

4. À vrai dire, le document original compte 26 pages, mais sur 7 d'entre elles on ne trouve qu'une seule ligne, soit le titre du tableau. De plus, sur chacune des pages imprimées le texte n'occupe que la moitié de la page.

médiations nouvelles que le discours instaure entre l'homme et le monde » (1989 : t. 20, 1078). Voyons comment, dans *Les aiguilles et l'opium,* c'est la scénographie qui, de prime abord, fonctionne comme médiation effective entre le corps propre et singulier de l'artiste avec le monde. Le décor des *Aiguilles et l'opium* est fait de trois cadres enchâssés. Un écran, posé sur un podium, constitue le premier cadre. Cet écran permettra la projection d'extraits de films, de diapositives, d'ombres. Il est porteur des effets d'éclairage chers à Lepage. L'écran est pivotant, le créateur interagira avec lui. Le deuxième cadre est une structure métallique tubulaire, une armature à laquelle Lepage est suspendu à l'aide d'un harnais grâce auquel il pourra réaliser des voltiges à la manière d'un trapéziste et surtout toutes les scènes d'acrobaties aériennes, notamment celles où sont actionnés les mécanismes d'envol et de chute du personnage de Cocteau. Le troisième cadre, c'est le manteau d'Arlequin ou cadre de scène – marqueur référentiel au monde, délimitant l'espace tensionnel entre le passé (le théâtre tel qu'il s'est fait jusque-là, la scène à l'italienne, l'ancien ordre visuel) et le présent (c'est-à-dire la nouvelle vision du monde).

Quand le spectateur fait son entrée dans la salle, l'écran est déjà allumé ; y est projetée, comme émergeant du fond de l'espace, une diapositive de la Voie lactée. La musique est orientale. La constellation nouvelle (et immémoriale) donne le ton à l'aventure à laquelle nous sommes conviés : un voyage à la jonction des mondes visible et invisible, rendu possible par la médiation lumineuse de l'écran. Du coup, il est clair que la médiation technique, renvoyant à la mutation des pratiques de création, sera un vecteur important – sinon le vecteur – de la communication.

L'image permet de décoller de la terre, de fuir la réalité monolithique et référentielle, nous propulsant au cœur des phénomènes de l'imagerie mentale, dans le monde de la création où les objets mentaux s'associent de manière spontanée un peu comme dans les rêves. Nous pénétrons dans le monde du créateur qui va combiner sous nos yeux des images et des objets disparates nous faisant découvrir des analogies cachées entre des images et des objets qui sont apparemment sans rapport entre eux, mais qui, en définitive, obéissent aux contraintes du réseau de connexions qu'ils génèrent. Or on va voir que les lois associatives, présidant aux glissements, aux déplacements, aux dérapages, viendront des objets et des images, non pas tant des objets, des images, des mots, des gestes en soi que des réseaux de relations qu'ils entretiennent. Car dans cet univers de la création, dans cet univers imaginaire, le hasard s'offre tel un matériau que l'artiste façonne. On a le sentiment que le créateur ne cherche plus à donner une forme à priori aux choses (autrement dit à calquer le monde), mais qu'il cherche plutôt à explorer un univers de multiples possibles, opérant d'étranges hybridations, de curieuses torsions mettant en relation les choses, pour mieux les comprendre peut-être. C'est ce spectacle-là, celui de l'expérimentation de voies nouvelles, celui surtout d'un nouvel art vivant, libéré de la sujétion à un modèle emprunté au réel, que donne à voir tout un pan du théâtre actuel, et spécialement *Les aiguilles et l'opium*.

Le créateur, dégagé de l'obligation mimétique, ne se sent plus contraint à imiter les formes ; aussi semble-t-il s'essayer à donner une forme à ce qui n'en a pas encore reçu. Ne cherchant ni à redoubler le monde, ni à l'exprimer en lui substituant sa ressemblance, le créateur paraît plutôt préoccupé par la création de mondes analogues, un peu comme s'il simulait le travail de toutes choses. Serait-ce là que résideraient les formes véritables, l'essence même de ce qui meut le monde et les étoiles ?

Si dans le langage les pensées se juxtaposent, dans l'imagination elles s'interpénètrent. Après le premier tableau, intitulé « Acupuncture », une constellation en appelle une autre. Au dessin des 12 méridiens qui strient le corps humain et des points précis où l'acupuncteur introduit les aiguilles se substitue l'image de la Voie lactée, celle que le spectateur avait vue en entrant dans la salle. Les étoiles ne seraient-elles pas seules à porter l'avenir ? Il y aurait d'autres figures, d'autres écritures avec lesquelles nous pourrions dessiner nos interrogations. Le créateur paraît soucieux de ne se couper d'aucune des sources vives qui irriguent la pensée humaine. La voix *off* du narrateur dit alors – et c'est sur ces paroles que s'ouvre *Les aiguilles et l'opium* : « Le praticien insère délicatement les aiguilles dans ma chair. On pourrait croire qu'il improvise mais en réalité il suit un dessin très précis » (R. L.).

Dans la rêverie naissent sans cesse d'autres images inattendues, telle celle qui assurera le passage au deuxième tableau intitulé « Prologue avion ». Sur le bas du podium, une diapositive est projetée, nous situant dans le temps : 10 janvier 1949. Lepage, qu'on a vu apparaître derrière l'écran au premier tableau (« Acupuncture »), prend tranquillement les attitudes, les poses, les mimiques de Cocteau, changeant de personnage sous nos yeux. Alors que quelques minutes plus tôt, il se présentait en tant qu'un comédien qui, en 1989, « étai[t] à Paris pour un contrat de narration pour un film documentaire » (R. L.), il se trouve maintenant suspendu au centre de la scène, dans les airs, entre deux hélices accrochées en haut du décor. Il est assis, comme dans un avion, et récite de larges extraits de la lettre aux Américains de Cocteau, dans laquelle le poète dit : « [...] [je] profite de n'être sur aucun territoire pour écrire, mais dans un ciel nocturne qui simule encore quelque zone de liberté. [...] Voyez-vous, poursuit-il, les souvenirs bougent comme les herbes sous-marines et, chaque fois qu'ils se touchent, ils prennent d'autres directions » (R. L.). J'aurais envie à mon tour de connecter ce croisement ou ce frôlement de souvenirs à la théorie des « structures dissipatives » ou « instabilités qui dissipent de l'énergie » pour proposer que les bifurcations sont sources de jaillissement d'organisations originales complexes. Car ce paradigme, dont j'ai parlé plus tôt, inventé par Prigogine et salué par Michel Serres, peut, je crois, nous aider à surmonter la question ou le constat de la déroute du sens dont on ne cesse de dire qu'il caractérise l'art actuel ou les œuvres dites postmodernes. En tout cas, il nous permet d'accepter que le sens ne fuit pas, plus encore, qu'il n'y a pas de sens donné à priori aux choses, et que l'ordre, finalement, s'installe dans le désordre. En d'autres mots, une forme organisée peut naître de mouvements chaotiques, aléatoires, et se stabiliser.

Ayant glissé dans le monde des métaphores, c'est-à-dire du déplacement, il nous est difficile d'échapper à la logique secrète de celui-ci. Mais au bout du compte, l'ensemble de ces métaphores – déroutantes peut-être à première vue – finit par constituer une sorte de monde autonome. Le créateur, en effet, exploitera toutes les ressources de celles-ci pour bâtir progressivement une image, une œuvre, un monde qui s'animera d'une vie propre sous nos yeux.

Le personnage, qui était suspendu dans les airs, fait un tour sur lui-même, pivote et disparaît. L'environnement sonore qui contribuait à simuler l'espace dans lequel le son se déployait (l'avion en marche) se transforme, faisant place au son de la trompette de Davis. Enchaînement du troisième tableau : projection d'un film en noir et blanc sur lequel deux mains dessinent au crayon un visage qui s'efface et se redessine à répétition comme sur les tablettes magiques de notre enfance. C'est un dessin aux lignes stylisées, épurées, dans le style adopté par Cocteau pour ses propres dessins. Des mondes paraissent, puis disparaissent, seule importe la métamorphose qui les unit, le lien vivant qui les anime, la main qui les dessine ou l'esprit libéré de la main. Si l'ancien geste effectuait, était producteur, le geste contemporain qui sélectionne fait fonction de déictique.

De toute évidence, ce ne sont pas les règles et les normes classiques édictées par les doctes du XVIIe siècle qui guident la composition, la figuration, l'écriture spécifique du théâtre de l'image. Est-il besoin de rappeler que les normes classiques empruntaient d'ailleurs à Aristote qui, dans la *Poétique,* a fait de la *mimesis* le critère de la vérité et de la réussite de la représentation. Dorénavant, tout le rapport de l'art au réel s'en trouve changé. Si, historiquement, la notion de modèle était concrète, le moule maintenant ne serait pas d'abord ce qui permet de rendre identique, mais ce qui permettrait d'agréger, de rendre cohérent. D'où la notion de réseaux dont il a été question précédemment. Le modèle ne serait plus une copie triviale, une simple représentation, si tant est qu'il l'ait jamais été. Il pourrait même surprendre, comme on va le voir plus loin, avec la séquence intitulée « Michel Ange » ; cette imprévisibilité toutefois n'est pas magique. Contrairement à ce qu'on pourrait croire, la pensée par voisinage ou contamination n'est pas réservée à la magie ou à la mythologie. Elle s'expliquerait plutôt par l'acte même d'organisation, d'auto-organisation, par la voie de la métaphore qui, si elle paraît être une sorte de baguette magique, mène à la modélisation.

Or la modélisation est une réduction qui, parce qu'elle n'est jamais neutre, renforce certaines liaisons structurelles et en efface d'autres. N'est-ce pas ce qui se produit à la séquence ou tableau V qui nous transporte, par la médiation de l'écran toujours, au Festival de jazz de Paris, en mai 1949 ? Sur une musique de jazz avec dominante de batterie, est projetée sur l'écran l'image d'un disque vinyle, étiquette Capitol. Titre : *Budo*, enregistrement : Miles Davis. Davis, virtuose de la non-virtuosité, maître du silence et de l'allusion, de la limite, du dérapage et de la brisure comme fondements du style, ne mêlait-il pas des éléments réputés immiscibles avant lui ? Si l'on regarde de plus près le déroulement de la chaîne des opérateurs combinatoires, on peut reconnaître une récurrence dans les procédés et les principes des différentes pratiques artistiques superposées ici. Force est de constater que des structures se construisent et évoluent ; qu'elles sont produites par des fluctuations aléatoires, des écarts, des processus itératifs qui finissent malgré tout par s'auto-organiser en hypertextes.

Séquence VI : retour à New York et à Cocteau. L'acteur réapparaît en Cocteau, de nouveau suspendu, en plein vol, devant l'écran sur lequel est projetée l'image animée d'un gratte-ciel. Une projection continue se déroule sur l'écran suivant un mouvement à la verticale de bas en haut ; c'est la cour arrière d'un gratte-ciel new-yorkais. La projection sur écran jumelée au mouvement de l'acteur donne l'illusion que le personnage de Cocteau (tel un oiseau ou Batman) prend son envol vers le haut de l'édifice. Puis, alors que la projection s'accélère, on crée tout à coup l'effet contraire, c'est-à-dire la chute. Attaché au harnais, le personnage tourne sur lui-même, donnant l'impression qu'il déboule, que le corps tombe dans le vide. L'acteur se laisse aller la tête en bas, il bascule derrière l'écran. La séquence suivante s'enchaîne sur une chanson de Juliette Gréco, *Je suis comme je suis*. La rencontre de Gréco et de Davis dans un café de Saint-Germain-des-Prés est « racontée » par des objets vus en ombres chinoises projetées sur l'écran.

Que dire de cet ensemble de vies enchevêtrées qui se régulent les unes les autres ? Que les mélanges offrent d'infinies possibilités, certes, mais qu'ils répondent néanmoins à une certaine interdépendance systémique. L'idée systémique d'émergence et l'idée cybernétique de rétroaction sont les premiers outils conceptuels pour concevoir l'autonomie de ces créations théâtrales vivantes qui s'auto-organisent. Le créateur semble ici retrouver le mouvement des choses et en rendre compte et, par ricochet, la création, elle, semble s'ancrer dans le principe du mouvement qui anime et qui métamorphose, principe qui meut l'œuvre vivante. Tel le carnaval qui mise sur le chaos pour assurer le retour de l'ordre, le théâtre de l'image procéderait à un immense brassage d'éléments hétérogènes, à une déconstruction, pour permettre au spectateur de mieux comprendre les pièces du mécanisme, notamment celui de la création. C'est ainsi qu'un art autonome prendrait vie et corps sous les yeux du spectateur, lequel aurait le sentiment de capter le moment fugitif de la fusion, de la création, ou d'y assister. Le spectacle que nous offre le théâtre actuel serait-il donc celui de l'accouchement artistique considéré comme un processus vivant, comme une épigénèse riche en surprises, en métaphores et en métamorphoses... capable de nous faire basculer du connu vers l'inconnu, du visible vers l'invisible, nous entraînant vers de nouveaux vertiges ?

Revenons à la séquence VI, celle où Cocteau raconte s'être rendu à New York pour présenter son film *L'aigle à deux têtes*. Au critique du *New York Times* qui avait écrit qu'il ne comprenait pas les acrobaties auxquelles Cocteau s'était adonné dans son film, celui-ci a répondu :

> *Est-ce ma faute, hommes de New York ou de Paris, si vous n'avez pas mon esprit agile et si vous me traitez d'acrobate, puisque voilà quarante ans que je m'exerce à ce que mon âme soit aussi bien faite que les acrobates ont un corps ? Et je me félicite que vous connaissiez si bien mon nom et si peu mes œuvres, car la connaissance de mes œuvres vous entraînerait sur des routes de somnambule, qui vous donneraient le vertige* (R. L.).

L'agilité, la liberté seraient-elles les couleurs primaires de la palette de l'art vivant dont se réclamait Cocteau et dont se réclame à son tour Lepage ?

Après des siècles d'un art aristotélicien, un chapitre neuf de l'histoire de l'art s'ouvrirait-il enfin, dont le théâtre de l'image serait une des illustrations ? Quéau a donné à cet art du mouvement autonome, à cet art métaphorique, qui ne veut plus imiter la nature, si ce n'est que pour en transposer les mouvements, le nom d'art « intermédiaire » : « Préoccupé de ce qui agite l'âme, écrit-il, [l'art intermédiaire] cherche ce qui la meut et ce qui l'émeut » (1989 : 18). Avec l'échec de la science déterministe, nous avons dû abandonner la certitude d'avoir déchiffré le monde. Nous devons désormais nous mettre à l'« écoute poétique de la nature », ainsi que le suggérait encore Prigogine (Prigogine et Stengers, 1981 : 393). Tout cela peut nous mener loin.

Le théâtre d'images nous montrerait-il que créer est un acte sans fin, que toute image est l'image d'une autre image ? Se dessinerait-il un autre rapport entre l'art et ses modèles d'une part, et entre les différents arts d'autre part ? Pour tenter de répondre à ces questions, examinons les séquences IX et X. La séquence IX s'intitule « Autoportrait ». Aucune parole n'est prononcée. On entend une musique électronique. Sur l'écran est projetée la photo de Robert, prise par lui-même à la séquence précédente. Cette photo passe du noir et blanc à la couleur, et du visage de Robert Lepage à celui de Davis en passant par celui de Cocteau. Les trois figures ne font qu'une. Le créateur pratique l'art des glissements, les nœuds sont fluides. L'enchaînement avec la séquence X, intitulée « *Life Magazine* », se fait sur des notes « orientales ». Robert Lepage apparaît au centre de la scène en Cocteau. Il tient un livre, des ciseaux. Le personnage raconte que, lorsqu'il était à New York, le magazine *Life* lui avait demandé de faire des photographies excentriques de lui. On projette alors sur l'écran les photographies de Cocteau qui ont effectivement été publiées dans la revue.

> *C'est alors,* poursuit le personnage de Cocteau, *que les journalistes et les photographes de* Life *me dirent une chose surprenante : « Qu'est-ce qu'un homme chez le coiffeur en train de regarder* Life Magazine *dans le fin fond du Massachusetts pourra comprendre à ces photographies ? Ne craignez-vous pas qu'elles déconcertent ? » Mais, leur répondis-je* [...], *elles viennent de vous, et alors survint le grave problème du texte* [...], *de quelle façon on pourrait expliquer l'inexplicable. Je leur répondis de dire que les photographies qu'ils avaient prises étaient tout à fait normales, que l'appareil de prises de vue leur avait joué un mauvais tour, qu'ils s'en excusaient auprès du public, et que les machines devenaient dangereuses, à l'image de l'homme. Ajoutez, leur dis-je, une publicité pour la caméra, du genre « La Rolaflex pense »* (R. L.).

Le créateur s'interroge sur l'automatisation de toutes les techniques de reproduction mécanique et de représentation mises au point au cours du XXe siècle, posant indirectement l'importante question du rapport de la fiction au réel, dialectique qui a longtemps été considérée comme la pierre de touche de l'art théâtral. Dans quelle mesure les artistes sauront-ils répondre du génie des machines ? C'est toute la responsabilité de l'artiste qui se trouve posée avec cette nouvelle écriture qui participe d'un nouvel art, qui n'est pas seulement un art du mouvement (réalisation accomplie avec les images cinétiques), mais un art en mouvement. Un art en mouvement qui s'intéresse à toutes les nuances du changement, de l'imitation à la métaphore. À telle enseigne qu'on en vient à penser que le principe de recherche aurait supplanté le traditionnel principe de production dans l'art. Or si le but de l'art n'est plus la quête du vraisemblable proposée par Platon, ni la révélation de la vérité souhaitée par Hegel, quel serait donc le rôle du créateur aujourd'hui ? Magicien, prophète ou acrobate ? Je ne jouerai pas à la pythie et laisserai la question ouverte, me limitant à souligner que ce qui nous est donné à voir par le théâtre de l'image, c'est l'exploration et l'exploitation de toutes les ressources des métaphores qui sont liées organiquement entre elles ou fonctionnellement attachées à la première. De ce fait, le spectateur bénéficie d'une visite des paysages du dessous ou d'une vue à vol d'oiseau, c'est selon, en tout cas d'un monde métaphorique qui peut être encombrant pour le critique – souvenons-nous de la séquence intitulée *Life Magazine* – ou pour le spectateur, qui en revanche est l'occasion de pêches miraculeuses pour le poète.

Séquence XII : après la traversée de l'Atlantique par Davis, laquelle est racontée ou plutôt donnée à voir par la projection sur l'écran d'un nageur qui, sous l'eau, joue de la trompette et ce, au son de la musique de Davis mixée à celle de Robert Caux ; Robert Lepage entre dans l'écran redressé à la verticale. Sur l'écran est projeté une spirale, dont on peut imaginer qu'elle rappelle l'incessante évolution des formes, suggérant une fois de plus l'idée du monde en mouvement plutôt que l'évolution linéaire de celui-ci et de l'histoire de l'art. On entend les *Gymnopédies* d'Erik Satie. Puis la spirale fait place à un damier. Jeu… hasard… incertitude… Devant l'écran à damier, Lepage, attaché à son harnais, exécute des voltiges à la manière d'un trapéziste. Ces voltiges, telles les métaphores, permettent à l'artiste de s'approprier des espaces inhabituels.

Alors que l'étendue du monde se réduit progressivement à rien avec les nouvelles technologies, l'individu devient son propre domaine d'exploration. Là où le monde fini commence, débute l'introspection des sensations limites. Avec un peu d'audace, je dirais l'exercice d'une intensité qui ressemble à l'accoutumance aux hallucinogènes. Penchons-nous sur le tableau suivant. Le tableau XIII, intitulé « Gant du ciel ». La gestuelle de Robert sera d'abord inspirée du taï chi, puis une main gantée apparaîtra derrière l'écran. En ombres chinoises on verra, entre autres, une main qui obtient de la poudre, la divise en lignes, la mélange, emplit une seringue… Quelqu'un qui se fait un garrot et s'injecte une substance psychotrope. Que penser de cette référence aux paradis artificiels ? Nouveau glissement, nouveau dérapage ? Risque encore de contamination ? Dans quels abîmes veut-on nous plonger ? Je cite un extrait de cette séquence : « Fumer l'opium c'est quitter le train en marche. C'est s'occuper d'autre chose que de la vie, de la mort. Après quelques pipées, une idée se déforme, se déroule lentement dans l'eau du corps avec les nobles caprices de l'encre de Chine [...] » (R. L.).

Le théâtre de l'image pourrait-il être un nouvel « opium » qui, parce qu'il nous ouvre un horizon perceptif différent, nous livrerait un autre monde ? Chose certaine, à l'image réaliste succèdent d'autres échelles de temps et d'espace ; nous avons gagné un territoire qui est le lieu du mouvement, du déplacement ou de la métaphore. Le créateur semble ici plus sensible à l'euphorie de l'envol que peut lui procurer ce nouvel « opium » qu'au vertige de la chute. Aussi Lepage va-t-il, à la séquence suivante, élargir un fois de plus le dialogue avec l'écran graphique, en renforçant la pratique des mouvements par l'arrangement et la combinatoire qui caractérisent son écriture capable d'acrobaties quasi inépuisables. Dans cette perspective, le génie analogique humain serait-il à ce point sans limites que les fresques du passé seraient malléables... du moins psychiquement ? Reportons-nous à la séquence XV.

Séquence XV, « Michel Ange ». Cette séquence fait suite à celle de la drogue. On retrouve Robert couché sur le plancher de sa chambre, à l'Hôtel Louisiane de Paris. Le téléphone sonne.

> *Je me suis fait réveiller en sursaut par la sonnerie du téléphone,* raconte-t-il. *C'est une espèce d'hurluberlu que je ne connaissais pas* [...] *Il s'est mis à me parler de religion, du Vatican et du plafond de la chapelle Sixtine, plus précisément de la fresque de Michel Ange qui représente la création d'Adam, et il m'a dit que si j'observais attentivement la partie de la fresque qui représente Dieu* [...], *je pourrais très clairement distinguer les contours du cerveau humain* [...], *et que le message ultime de Michel Ange était clair : le créateur suprême était le cerveau humain et que Dieu lui-même n'était qu'une de ses inventions* (R. L.).

Pendant ce temps, sur l'écran, est projetée une diapositive de cette fresque. Un trait gras entoure les parties décrites ; on distingue effectivement les contours d'un cerveau humain. Musique d'orgue très forte.

Dans son acception classique, l'art se définissait surtout en tant que production d'une œuvre créée à partir d'un modèle et pouvant être considérée comme un produit fini. Il semble maintenant que la notion historique ou classique de modèle n'opère plus, alors qu'on semble lui préférer celle de réseau qui ouvre la possibilité à toutes sortes de jeux d'associations, de mixages d'éléments, de fragments, de références à d'autres arts (au cinéma, à la musique, à la chanson dans *Les aiguilles et l'opium* notamment) et à d'autres cultures (par exemple, la rencontre de la culture européenne et américaine dans la même production). Le secret du travail de l'artiste résiderait dans un travail d'agencements, de combinaisons, voire parfois de torsions. Avec pour résultat que les œuvres les plus mimétiques pourraient se séparer de leurs modèles ; n'est-ce pas ce qui s'est produit dans la quinzième séquence où Dieu et ses angelots en viennent à épouser la forme du cerveau humain. Les œuvres actuelles seraient-elles plus vivantes que mortes, plus évolutives que répétitives ? Un art renaissant prendrait-il le pas sur l'art comme produit fini ? Une chose est sûre : les rapprochements qui résultent des amalgames des éléments du réseau ne sont pas des ressemblances empiriques, ils révèlent, et c'est ce qui est intéressant, des rapports insoupçonnés, dévoilent éventuellement des ressemblances cachées. Serions-nous passés de la représentation à la modélisation qui, en tant que recomposition du monde, s'imposerait comme un acte quasi démiurgique ? L'artiste actuel imiterait-il le geste originel du créateur ? Serait-ce un des sens de cette quinzième séquence titrée « Michel Ange » ?

Nous sommes en pleine période de transition, laquelle est enclenchée depuis le début du siècle au moins, sinon depuis la Renaissance, parce qu'en fait c'est là que la technicisation qui transforme notre monde et notre vision du monde commence. Assistons-nous à la fin d'un monde ? La réponse est affirmative si nous en croyons les paroles de Cocteau extraites de la séquence XVII : « Américains, j'ai vu les premiers films. J'ai entendu les premiers phonographes. J'ai fait, avec Roland Garros, les premières acrobaties aériennes. Un monde va finir. Un monde commence. Il est entre vos mains de décider s'il sera ténèbres ou lumières » (R. L.). Sur l'écran : même diapositive de la Voie lactée qu'au début.

Nous assistons à la fin d'un monde. Nous sommes dans une nouvelle constellation où l'art semble produire non plus des œuvres mais des micro-univers en perpétuelle évolution. Ces univers s'offrent comme des tissus de changements ininterrompus, des réseaux mobiles de lignes, de surfaces, de formes, d'images en constante interaction, s'étirant pareils à des nébuleuses. Aujourd'hui le nouveau monde est infiltré dans le tissu même du monde ancien. Ce n'est plus un continent au-delà de l'océan et de l'horizon visible, mais un continent aux confins duquel sont connectés imaginaire individuel et imagerie collective. Ces connexions sont éclairées par une lumière différente, ouvertes à d'autres interrogations, à d'autres cultures, gouvernées par des lois associatives qui contiennent l'essence de la civilisation qu'elles irriguent ou de l'art qu'elles inspirent.

C'est ainsi qu'à bien y regarder, le théâtre de l'image, ce « théâtre d'individuation », selon les mots de Jacques Garelli (1991 : 120), ouvre sur l'universel.

Scène finale. Robert est face à l'écran, dos au public. Sur l'écran sont projetées deux séquences filmées. D'abord on voit Davis tendant sa trompette à Robert qui s'approche de l'écran ; alors qu'il s'apprête à saisir l'instrument, l'image éclate en morceaux comme un miroir qui se brise. Puis c'est au tour de Cocteau d'apparaître à l'écran. Même jeu de regards en miroir. Cocteau présente un livre et un crayon à Robert qui tend la main. Nouvel effet de miroir qui se brise. Lepage pousse alors l'écran, va à l'arrière, puis disparaît.

C'est la fin de la pièce qui s'est jouée sous la tension de la *mimesis* et de la *mixis*. La fin du procès de l'image enchaînée à son statut spéculaire de reflet, calque ou leurre. Si le miroir était le maître du peintre, ainsi que le prétendait Léonard de Vinci, la métaphore qui ne s'encombre pas trop de motivations bien fondées serait aujourd'hui l'outil par excellence du renouvellement du théâtre. C'est elle qui serait à la base de l'écriture scénique comme idéographie dynamique. Et c'est très probablement à elle encore que nous serions redevables d'avoir quitté un univers répétitif et illusionniste pour un monde indéfini en « création continuée ».

La métaphore tient sans doute d'un goût pour la « pensée sauvage », pour reprendre le titre d'un ouvrage de Claude Lévi-Strauss (1976). En tant qu'élément inducteur fondamental permettant le déplacement, serait-elle l'image de la quête de l'âme par l'être humain qui vise sa propre métamorphose ? La question qui me vient en terminant est la suivante : si on sait l'importance rhétorique et poétique de la métaphore, peut-on y voir un intérêt théorique ? Je pense que oui, à ce moment précis de notre histoire où une nouvelle culture justement est en route. Celle-ci est peut-être contaminée par l'impureté ; elle engendre néanmoins des géographies mythiques qui, si elles ne permettent pas de percer le secret de l'univers, offrent l'occasion de dialoguer avec les mystères de celuici, et surtout permettent au groupe tribal de s'ouvrir au monde.

BIBLIOGRAPHIE

GARELLI, Jacques (1991), « Métamorphoses du regard », dans *La part de l'œil,* Bruxelles, Presses de l'Académie royale des beaux-arts de Bruxelles, nº 7.

HÉBERT, Chantal (1992), « Le théâtre québécois actuel à la recherche d'une nouvelle *Terra incognita* ». Texte présenté à Lisbonne au 3e Congrès international de sociologie du théâtre. Inédit.

HÉBERT, Chantal (1993), « L'écriture scénique actuelle comme "idéographie dynamique" ». Texte présenté à l'Université Carleton à Ottawa au Congrès des sociétés savantes, devant l'Association canadienne de sémiotique. Inédit.

HÉBERT, Chantal (1994), « L'écriture scénique actuelle. L'exemple de *Vinci* », *Nuit blanche,* nº 55 (mars, avril, mai), p. 54-58. [Version remaniée de Hébert, 1992.]

LÉVI-STRAUSS, Claude (1976), *La pensée sauvage,* Paris, Plon.

LÉVY, Pierre (1990), *Les technologies de l'intelligence,* Paris, La Découverte.

MORIN, Edgar (1990), *Science avec conscience,* Paris, Éditions du Seuil.

PRIGOGINE, Ilya (1994), *Les lois du chaos,* Paris, Flammarion.

PRIGOGINE, Ilya, et Isabelle STENGERS (1981), *La nouvelle alliance,* Paris, Gallimard.

QUÉAU, Philippe (1989), *Metaxu. Théorie de l'art intermédiaire,* Paris, Champ Vallon.

RICŒUR, Paul (1989), « Signes et sens », *Encyclopædia Universalis,* Paris, Encyclopædia Universalis éditeur, t. 20, p. 1075-1079.

DE « L'ART » DU SPECTATEUR[1]

Irène Perelli-Contos
CRELIQ, Université Laval

Il semble que le théâtre s'est imposé, dès sa naissance, comme un art multidisciplinaire conservant des rites dionysiaques, d'où il venait de sortir, le chant, la danse et la musique auxquels se sont ajoutés la poésie et le jeu de l'acteur. Pour qu'il devienne un art cependant, il a fallu que la « salle » se sépare de la « scène ». Cette séparation, qui a opéré la transformation d'un bon nombre de participants aux rites en spectateurs, est devenue le fondement même du théâtre. C'est à partir du rôle de ce spectateur, qui semble constituer l'acte théâtral, que j'ai choisi d'aborder le sujet de ce colloque.

Laissé pour compte pendant des siècles, le spectateur acquiert à notre époque un statut particulier et une identité bien individuelle qui le distinguent nettement de ce que l'on identifiait, il n'y a pas si longtemps, comme « public », c'est-à-dire un groupe indistinct d'individus. Individualisé en raison de son appartenance culturelle, de son éducation, de son idéologie mais aussi en raison de son degré d'initiation à l'art théâtral, il n'est plus considéré comme le simple destinataire du spectacle. Jouissant d'une liberté inhabituelle quant à la manière de recevoir un spectacle et d'en tirer des conclusions, il accède au statut même du créateur. Après l'auteur, après le metteur en scène et l'acteur, c'est lui donc actuellement le nouveau roi du théâtre.

1. Cet article résulte de la recherche que j'ai menée avec Chantal Hébert sur les *Tendances actuelles de l'écriture scénique : le théâtre de recherche à Québec* (subvention du Conseil de recherches en sciences humaines (CRSH) du Canada, 1992-1995) ; nous poursuivons actuellement notre travail sur l'écriture scénique ou la « pensée-image » de Robert Lepage (subvention du Conseil de recherches en sciences humaines (CRSH) du Canada, 1996-1999).

Le phénomène n'est pas nouveau. Le premier, à ma connaissance, qui, au XXe siècle, a investi le spectateur du lourd fardeau de la création, fut le metteur en scène russe Vsevolod Emilievitch Meyerhold. Même si pour lui « le théâtre, c'est l'art du comédien » (1973 : t. I, 113), il préconise dans le nouveau théâtre, connu sous le nom de théâtre de la convention, un quatrième créateur, le spectateur qui « doit compléter de façon créatrice le dessin des allusions données en scène » (p. 123). Plus encore, « un spectateur organisé est une puissante incitation à la réorganisation des nuances d'un spectacle, c'est un correcteur et un régulateur puissants » (t. III, p. 141). Cette définition meyerholdienne du spectateur ressemble étrangement à celle que Robert Lepage a donnée lors d'une entrevue, publiée dans la revue *Nuit blanche* :

> *Le public fait partie du processus de création, comme un collaborateur dont on a besoin* [...] *Personnellement,* dit-il, *je ne sais pas de quoi parlent les spectacles tant que le public ne me le pointe pas du doigt, c'est lui qui m'ouvre des portes et m'aide à trouver des solutions pour enrichir le spectacle.* [...] *Le spectateur est aussi un créateur* (Hébert et Perelli-Contos, 1994a : 64).

Si chez Antonin Artaud le spectateur n'est pas qualifié explicitement de créateur, il est par contre appelé à être un participant, ce qui revient au même. « Le spectateur viendra au théâtre non plus tellement pour voir, mais pour participer » (1961 : t. II, p. 15) ; « il doit savoir qu'il s'offre à une opération véritable, où non seulement son esprit mais ses sens et sa chair sont en jeu » (p. 22). C'est presque la même idée qui se dégage de la métaphore de la forêt que Gilles Maheu a faite, lors d'une entrevue publiée aussi dans la revue *Nuit blanche* :

> *On met quelqu'un dans une forêt et on le laisse se promener. Au début, il peut éprouver de la peur parce qu'il est devant l'inconnu. Dans un bois on n'a pas de code, ni de micro-ordinateur, ni de téléviseur branché sur tel arbre* [...] *qui indiquerait comment retrouver son chemin et ce qu'il faut faire dans la forêt. J'imagine mal d'ailleurs une visite guidée, il y en a, mais il y a tout un apprentissage, une découverte et on est livré à sa propre créativité, à ses propres peurs aussi. Pour moi un spectacle c'est pareil* (Hébert et Perelli-Contos, 1994b : 70).

À Québec, le Arbo-Cyber Théâtre (?) est connu pour ses expériences centrées sur le spectateur, ce qui expliquerait le point d'interrogation entre parenthèses qui est placé à côté du mot théâtre. En effet, lorsque le spectacle n'est basé que sur les réactions du spectateur s'agit-il encore de théâtre ? À cela Eugenio Barba, dans *Le canoë de papier,* répond : « La matière première du théâtre n'est pas l'acteur, l'espace, le texte, mais l'attention, le regard, l'écoute, la pensée du spectateur. Le théâtre est l'art du spectateur » (1993 : 65).

Nous voilà donc confirmés dans notre rôle de créateurs, par les praticiens mêmes. Mais comme l'écrivait Bertolt Brecht, à la fin des années 1930, dans un opuscule adressé à la fois aux comédiens et aux spectateurs, « [d]'ordinaire l'art dramatique n'est pas enseigné dans les livres, et pas davantage l'art du spectateur, dont on ignore d'ailleurs même qu'il est un art » (1972 : vol. I, p. 379). Nous sommes donc des créateurs qui s'ignorent. On nous a en effet trop dit que nous n'étions pour rien dans le déroulement du spectacle, que nous ne faisions que recevoir passivement le message ou l'expression des artistes. Prisonniers de cette conception, nous avons renoncé à tous nos droits, oubliant même de nous interroger sur notre propre expérience. Car, en dépit d'une passivité physique certaine, nous nous livrons, à moins qu'on ne veuille pas faire l'effort, à une forte activité mentale qui consiste, généralement, à recevoir un message et à l'interpréter par un processus de décodage. Même dans le cas où les messages des créateurs sont transmis de façon plutôt claire, nous ne pouvons nous empêcher d'interpréter, en trahissant nécessairement ces messages. Mais c'est en raison de cette « trahison » que nous sommes aussi des créateurs, car nous substituons, le plus souvent inconsciemment, notre propre représentation mentale à la représentation scénique.

Cette activité créatrice du spectateur, admise maintenant par bon nombre de spécialistes et d'amateurs assidus du théâtre, nous conduit inévitablement à réexaminer le fonctionnement de l'acte théâtral en nous arrêtant surtout sur ce qui constitue son fondement même, soit la relation scène-salle. Nous savons en effet que, à la différence des autres arts, ceux du spectacle et particulièrement celui du théâtre sont absolument dépendants de la présence du spectateur pour que les œuvres puissent être créées. Or, malgré cette évidence, il est étonnant que le spectateur n'ait été pendant longtemps considéré que comme un récepteur, foncièrement passif, d'un message élaboré et émis du seul côté de la scène. L'étude de la relation théâtrale se posait alors comme un véritable problème. Car si le spectateur n'était qu'un récepteur passif, comment était-ce possible de parler de relation ? Relation implique réciprocité, interdépendance, interaction, partage, échange, bref communication.

Il a ainsi fallu que l'on vérifie si le théâtre était ou non un acte de communication. Pour ce faire, on utilise les premières théories, apparues au lendemain de la deuxième guerre mondiale, qui conçoivent la communication comme une activité surtout verbale, dépendante de la volonté d'un individu ou groupe (émetteur) de transmettre des informations ou d'exprimer idées, opinions, sentiments, émotions, etc. (message) à un autre individu ou à un groupe (récepteur). Selon cette conception qui fait de l'émetteur l'instance principale de la communication, le récepteur n'est considéré que lorsqu'il donne une réponse effective, c'est-à-dire lorsqu'il devient, à son tour, un émetteur. Cette permutation des fonctions de chacun des participants, qui fait d'eux, à tour de rôle, un émetteur et un récepteur, serait pour certains « le fait fondamental, constitutif de la communication même » (Mounin, 1970 : 89). Dès lors, la relation théâtrale est surtout perçue en fonction de ce premier modèle de la communication, appelé « télégraphique ». Cette appellation indique que le message est toujours transmis à sens unique d'une source (émetteur), qui en détient la signification et en gère le transfert ainsi que les effets, à un destinataire (récepteur), qui doit à son tour devenir la source d'un autre message, sinon il n'y a pas de communication. Or nous savons que les spectateurs ne donnent en principe pas de réponses (verbales ou autres, sauf peut-être les applaudissements, les sifflements ou les rires) lors du déroulement d'un spectacle, fait qui aurait permis de les considérer comme des émetteurs et, par conséquent, de voir l'acte théâtral comme un acte de communication.

Or, au fur et à mesure que la recherche sur la communication avance, on se rend compte que les effets du message ne sont pas toujours conformes aux intentions de l'émetteur, les récepteurs pouvant réagir différemment aux mêmes messages ; on s'aperçoit aussi que tout message comporte plusieurs fonctions et que sa signification dépend moins de mots qui le composent que du contexte dans lequel il se produit ainsi que de certains indices non verbaux qui l'accompagnent. Il en résulte que le contenu manifeste du message est moins important que son contenu latent qui consiste en la relation qui s'instaure entre les partenaires. Celle-ci est fonction de plusieurs facteurs (humeur du moment, contexte spatiotemporel, bagage culturel et éducatif de chacun des participants, etc.) qui s'avèrent déterminants pour le déroulement de la communication.

On commence alors à abandonner graduellement l'idée d'un récepteur passif au profit de celle « d'un auditoire extrêmement actif, extrêmement sélectif et manipulant le message plutôt qu'étant manipulé par lui – bref, un partenaire de plein droit dans le processus de la communication » (Schramm, 1992 : 77). C'est justement cette prise en considération de l'activité du récepteur, longtemps sous-estimée, qui est à l'origine de changements des plus importants dans la théorie générale de la communication et, par ricochet, dans celle du théâtre. Désormais, le vieux modèle linéaire de « cause à effet » (ou télégraphique), élaboré par les premières théories pour expliquer la manière dont nous communiquons, cède sa place à celui, plus complexe, d'un processus circulaire d'interactions continues, impliquant l'idée de réactions en « boucle » où les effets rétroagissent sur les causes et où chacun des participants dans une situation de communication est *à la fois,* et non *à tour de rôle,* émetteur et récepteur. La situation se transforme ainsi de façon continue, puisque les effets deviennent des causes qui produisent de nouveaux effets.

À ce processus incessant nous participons tous, que nous le voulions ou non, par notre parole ou silence, nos gestes, nos attitudes, nos actions ou inactions, bref, par notre comportement global. Même lorsque nous ne faisons ni ne disons rien, nous avons aussi un comportement qui communique aux autres notre refus de communication précisément. Il est évident que dans cette perspective communication et comportement sont pratiquement synonymes. Par conséquent, comme on ne peut pas ne pas avoir de comportement, on ne peut pas non plus ne pas communiquer (Watzlawick, Helmick Beavin et Jackson, 1972 : 46). Il en résulte une conception de la communication comme un processus général dont chacun de nous fait partie « en sa qualité de membre d'une certaine culture [...] comme le musicien fait partie de l'orchestre. Mais, dans ce vaste orchestre culturel, il n'y a ni chef, ni partition. Chacun joue en s'accordant sur l'autre » (Winkin, 1981 : 7).

C'est donc dans cette perspective, où tout comportement est considéré comme un message, que le théâtre réintégrerait, théoriquement, le domaine de la communication. Je dis « théoriquement » car, dans les faits, la scène et la salle ont toujours communiqué de différentes façons sans avoir besoin de théories pour le faire. Rappelons-nous que lors de son apparition, il y a vingt-six siècles, le théâtre, parmi tous les arts qui nécessitent la perception visuelle, fut le seul à être défini comme l'art de la « vue active ». Cette définition, qui demeure valable depuis l'Antiquité jusqu'à aujourd'hui, illustre l'importance de la faculté de voir comme condition *sine qua non* du théâtre, tout en éclairant le rôle prépondérant du spectateur dans l'acte de la communication théâtrale. Plus encore, c'est cette « vue active » qui, au-delà des modes, des époques et des messages, se révèle effectivement la grande force organisatrice de l'acte théâtral : sans spectateur, pas de théâtre. Cette évidence, souvent occultée, indique que le théâtre est une action singulière qui ne dure que lorsqu'elle est perçue. Elle puise ainsi sa spécificité dans l'interaction vivante et active entre l'acte de voir et ce que l'on voit. C'est précisément par cette interaction entre les deux pôles indispensables à la relation théâtrale que le théâtre, au-delà du phénomène ludique et expressif, se présente aussi comme phénomène de communication et, notamment, de communication par l'« œil ». Comme si le théâtre, malgré l'importance de la parole, ne s'adressait qu'à la vue, comme s'il n'était, pour ainsi dire, qu'un « texte à lire ».

Pour illustrer le rôle particulier du spectateur dans la communication théâtrale, je puiserai un exemple dans un autre domaine qui n'est pas, me semble-t-il, étranger au théâtre. Dans les temps anciens, lorsqu'un individu devait prendre une grande décision concernant sa vie, son état, sa famille, il consultait l'oracle, le plus fameux mais aussi le plus dispendieux étant celui de Delphes. En payant, il avait droit à une réponse qui orienterait son comportement. Or, la réponse n'était jamais claire, tout en ayant l'air de l'être. En effet, la parole de dieu étant incompréhensible parce que transmise par une femme en transes, il fallait qu'un prêtre fasse l'interprétation en lui donnant forme. Cette mise en forme n'était qu'une juxtaposition des mots sans aucune ponctuation. La signification de l'oracle changeait donc selon la manière dont il était ponctué par l'individu même qui le recevait. C'est bien lui qui, en dernière instance, rendait l'oracle, mais à son insu, car il croyait vraiment que c'était la parole de dieu. Cela implique qu'indépendamment du contenu du message transmis c'est la manière dont il est perçu qui compte. Le sanctuaire de Delphes fut, de toute évidence, un véritable « théâtre » dans le sens à la fois littéral et figuré du mot, et la comparaison avec l'art théâtral est très facile à faire. Un fait demeure cependant qui, en dehors de toute comparaison, m'incite à présenter cet exemple plutôt qu'un autre. Pour désigner le spectateur, à cette époque de premières définitions concernant le théâtre, on a utilisé le terme de *théôros* qui, à l'origine, désignait justement l'individu qui consultait l'oracle, comme si leurs rôles respectifs étaient perçus comme absolument identiques. C'est de ce même substantif, d'ailleurs, que se forme l'un des deux groupes de mots relatifs au théâtre. Quant au verbe correspondant, *théôro,* il fait partie de la grande famille de verbes vivants qui ont renouvelé en grec l'expression de la notion de « regarder » parce qu'ils ont réussi à exprimer au présent l'idée indéterminée de « voir », dans un sens précis et surtout actif. Dans cette perspective, ce qui importe donc au théâtre ce n'est pas tellement ce qui est offert à la vue, mais *comment* on le voit.

La dernière création du théâtre Carbone 14 en constitue un exemple de choix. À l'instar de celui qui consultait l'oracle, les spectateurs de *La forêt* pouvaient voir ou « lire » le spectacle d'au moins deux façons : soit comme une suite d'images ponctuées par de fréquents *black-out,* soit comme une suite de *black-out* ponctués par des images. Pour ceux qui ont adopté la deuxième façon de voir, la forêt n'était plus une métaphore de l'inconscient mais l'espace « noir » de leurs propres craintes et désirs, de leurs propres rêves et cauchemars. *La forêt* est devenue leur création, et celle de Maheu n'a servi qu'à déclencher leur propre suite d'images. Quant à ceux qui ont adopté la première, ce sont justement les *black-out* qui les ont dérangé le plus, car ils les empêchaient ou bien de suivre normalement le spectacle, ou bien d'entrer dans la « forêt » par des craintes qu'ils suscitaient en eux. Ainsi se trouve justifiée une célèbre phrase que je me permets de paraphraser : « l'image de la *forêt* ne nous fait pas peur à la manière de la *forêt*, mais à la manière de l'image de la *forêt* que nous avons en nous » (Mannoni, 1969 : 165).

Ce spectacle toutefois, comme bien d'autres actuellement, ne peut pas être suivi normalement, c'est-à-dire selon une lecture linéaire à laquelle le théâtre traditionnel nous a habitués. Organisé par une écriture séquentielle semblable aux procédés cinématographiques et ayant une structure analogue à celles du rêve et de la poésie, il exige, pour être lu, une lecture qui tient nécessairement compte des principes propres à ces domaines. Dès lors, chercher une cohérence selon les règles de la raison dans un spectacle basé sur celle du rêve, c'est comme essayer de lire un texte écrit en chinois en l'abordant selon nos propres normes de lecture, c'est-à-dire de gauche à droite et du haut au bas de la page.

Car toute œuvre théâtrale prend forme(s) et signification(s) grâce aux principes particuliers de chaque écriture scénique mais à condition que celle-ci déclenche, chez le spectateur, une activité de « lecture » basée sur les mêmes principes. En examinant le théâtre de notre siècle sous cet aspect, nous nous rendons compte en effet que les rapports scène-salle ont toujours été déterminés par le principe même sur lequel reposait l'écriture scénique. La relation théâtrale a été ainsi successivement basée sur l'identification (Stanislavski), la distanciation (Meyerhold, Brecht) et la participation (Artaud). Actuellement un nouveau principe fait son entrée en scène, celui de l'interaction[2] entendue dans le sens d'une action mutuelle en réciprocité entre les éléments de la scène (acteurs, textes, concepteurs, sons, éclairages, objets, etc.), mais aussi entre ceux-ci et les spectateurs.

Explorés au cours d'improvisations interactives et dynamiques en fonction surtout de leurs potentialités multiples, ces éléments agissent, en fait, comme stimulus premiers de l'imagination des artistes qui, par la suite, à coups d'associations, d'analogies, de sélections et de relations, organisent d'imprévisibles réseaux de sens d'où surgissent des contenus potentiels. Se dessine ainsi une œuvre multidimensionnelle dont

2. Notion centrale de la théorie des systèmes ainsi que des nouvelles théories de la communication, l'interaction implique la coprésence des participants et suggère que leur mise en rapport est fonction d'un processus circulaire d'actions et de réactions continues et réciproques, où chacun des participants influence les autres, tout en étant influencé par eux (Marc et Picard, 1984).

l'originalité consiste en ce que sa signification peut varier en raison des rapports dynamiques et créatifs entre les spectateurs et la représentation scénique. Naguère récepteur passif, le spectateur est appelé maintenant à « travailler », à devenir actif, voire créatif ; à recomposer les partitions de l'œuvre au lieu de les interpréter ; à réorganiser des réseaux de sens plutôt qu'à les décoder ; à opérer une sélection des messages, images et contenus plutôt qu'à les recevoir tels quels. Bref, à refaire à sa manière le processus créateur, faute de quoi la représentation risque de paraître chaotique, sans contenu et sans but, malgré le plaisir esthétique qu'elle peut procurer.

L'acte théâtral se présente ainsi comme un système ouvert et la nature de la relation qui s'établit ne serait plus linéaire (allant de la scène à la salle) mais circulaire, réunissant la scène et la salle qui, dans une situation d'interaction, construiraient « en commun » des univers de sens. La relation théâtrale fonctionnerait désormais à l'instar de l'un des plus récents modèles de la communication, soit celui de l'« orchestre ».

« L'analogie de l'orchestre a pour but de faire comprendre comment on peut dire que chaque individu participe à la communication plutôt qu'il n'en est l'origine ou l'aboutissement » (Winkin, 1981 : 25). Dans l'« orchestre culturel » ce qui compte donc, ce n'est pas le fonctionnement de chacun des musiciens mais la manière dont ils s'accordent. Pas ce qu'ils jouent ni « pourquoi » ils jouent, mais « comment » ils le font. Car, dans toute situation de communication vue comme un processus continu d'interactions, c'est surtout la manière dont les participants se mettent en relation qui lui donne sens et signification plutôt que les causes de sa production. Dans cette même perspective de circularité et d'interdépendance, si c'est la relation entre les participants qui détermine leur communication, celle-ci est, en retour, le grand outil de leur mise en relation et c'est en cela que consisterait sa première fonction : « Elle relie les individus les uns aux autres, [...] l'artiste ou l'homme de spectacle à son public, l'enseignant à ses étudiants, ou encore un dirigeant au peuple » (Schramm, 1992 : 87).

Cette mise en relation étant, dans le cas du théâtre, de l'ordre du visuel surtout, c'est nécessairement par son « regard » que le spectateur deviendrait un partenaire de plein droit dans le processus de la communication théâtrale. Pour ce faire, il doit cependant être en mesure de modifier ses vieilles habitudes perceptives, de voir donc « autrement », afin de pouvoir saisir les enjeux de la scène et comprendre ainsi sa « logique ». Sinon, il accuse le théâtre d'illogisme, d'opacité et même de manque de contenu.

Or, si le théâtre nous paraît tel, dirigeons notre regard sur l'image plutôt incohérente de notre monde et essayons de comprendre quelque chose de sa structure. Néanmoins, pour comprendre, nous devons nous exercer préalablement à « l'art de voir ». C'est précisément par cet exercice que nous serons à même d'adopter le « point de vue » propre à notre époque afin de pouvoir établir un rapport cohérent avec un monde qui est en train de se transformer radicalement par des inventions technologiques qui dépassent notre entendement. Entreprise pour le moins difficile si l'on considère que l'humanité a, en général, « regardé » le moment présent à travers un « point de vue » appartenant au passé. Pensons, tout simplement, au temps mais aussi aux sacrifices qu'il a fallu pour que l'on accepte de « voir » que la terre est ronde et que c'est elle qui tourne autour du soleil.

Dans le domaine théâtral cependant, l'opération du regard semble être inversée car, le plus souvent, c'est plutôt le passé qui est examiné mais à travers un « point de vue » appartenant au moment présent. Comme si le théâtre, par cet examen, aidait la société dont il est le produit à « régler ses comptes » avec son passé pour qu'elle puisse entrer librement, sans craintes, dans la modernité. C'est le sens même de la *katharsis* aristotélicienne dont la fonction demeure encore valable parce qu'elle répond à un besoin vital d'adaptation des sociétés qui vivent des périodes de grandes mutations en raison, entre autres pour ne pas dire surtout, du progrès de la technologie.

À titre d'exemple, rappelons-nous que le théâtre est apparu dans le monde occidental à un moment charnière de son histoire alors que des nouveaux rapports au monde s'établissaient grâce à une technique de communication absolument nouvelle, celle de l'écriture alphabétique. Rappelons-nous aussi un des plus « grands » moments du théâtre, celui de la Renaissance qui a coïncidé avec l'avènement de la technique de l'imprimerie. S'agit-il, en fait, de simples coïncidences ou faut-il admettre que « l'utilisation d'une technologie intellectuelle place un accent particulier sur certaines valeurs [...] autour desquelles se cristallisent des formes culturelles particulières » (Lévy, 1990 : 144) comme le théâtre ?

Toujours est-il que pendant ces périodes, marquées par de grandes inventions scientifiques et technologiques, de nouveaux modes de connaissance apparaissent qui, suscitant de nouvelles formes de pensée, élaborent de nouvelles visions du monde. Car si la technologie transforme à notre insu la nature de nos relations, c'est dans la façon dont nous « regardons » le monde qu'elle transforme nos rapports avec lui.

Nous pouvons donc formuler l'hypothèse qu'en tant qu'art de la « vue active » le théâtre serait, plus que toute autre pratique artistique, celle qui favorise l'exercice du regard à l'« art de voir » propice à l'appréhension de différentes images du monde qui se succèdent à travers les siècles et les millénaires. Nous nous demandons alors si nous pouvons comprendre les véritables enjeux de l'écriture scénique actuelle sans prendre en considération l'impact, sur nos schémas mentaux et culturels, de l'informatique, de cette nouvelle technologie de communication, qui semble jouer, à notre époque, le même rôle que celui joué par l'écriture alphabétique dans l'Antiquité ainsi que celui rempli par l'imprimerie à la Renaissance. En effet, avec les cultures à support informatique, de nouveaux critères s'offrent à la pensée qui, en bouleversant les différents champs des savoirs, provoquent la modification de nos schémas mentaux tout en modelant le devenir social.

Or, à plusieurs égards, c'est bien ce qui paraît animer la démarche du théâtre actuel. Pratiquant une écriture scénique originale et en raison même de ses propres procédés[3], ce théâtre participe, à sa manière, au renouveau contemporain de l'écriture et de la pensée, en interrogeant particulièrement les modalités de la perception et de la connaissance à l'ère informatique. À un moment où semble vouloir s'implanter un nouvel ordre visuel, il nous fait voir des images insolites et complexes qui, si elles ne bouleversent pas radicalement nos habitudes perceptives, mettent du moins en doute notre faculté de voir aussi bien que notre logique traditionnelle.

Dès lors, on est en droit de se demander si le théâtre n'aurait, au fond, comme fonction première que de nous apprendre à voir le monde, de rendre notre œil « voyant », c'est-à-dire actif, voire créatif, en l'exerçant, selon les époques, aux nouveaux « points de vue » que les différentes inventions technologiques suscitent. Sinon, comment peut-on expliquer le fait que cet art, qui exige avant tout un contact direct, continue à fonctionner dans un environnement télécommunicationnel, composé de satellites artificiels, de réseaux intercontinentaux et de terminaux planétaires ?

L'« art » du spectateur consisterait donc, en dernière instance, en l'habileté d'utiliser son « œil » non plus comme un organe passif de perception mais, au contraire, comme un organe actif de préhension susceptible de saisir les changements imminents de point de vue face à un monde en perpétuelle transformation dont le théâtre explore, depuis toujours, les différents enjeux.

---

3. À ce sujet, voir l'article de Chantal Hébert dans ce même volume.

BIBLIOGRAPHIE

ARTAUD, Antonin (1961), *Œuvres complètes,* Paris, Gallimard, t. II.

BARBA, Eugenio (1993), *Le canoë de papier,* Cazillac, Bouffonneries, n° 28-29.

BRECHT, Bertolt (1972), *Écrits sur le théâtre,* Paris, L'Arche, vol. I.

HÉBERT, Chantal, et Irène PERELLI-CONTOS (1994a), « La Tempête Robert Lepage », *Nuit blanche,* n° 55 (mars-avril-mai), p. 63-66.

HÉBERT, Chantal, et Irène PERELLI-CONTOS (1994b), « Les voix multiples de la scène. Gilles Maheu et Carbone 14 », *Nuit blanche,* n° 55 (mars-avril-mai), p. 67-70.

LÉVY, Pierre (1990), *Les technologies de l'intelligence,* Paris, La Découverte.

MANNONI, Octave (1969), *Clefs pour l'imaginaire ou L'Autre Scène,* Paris, Éditions du Seuil.

MARC, Edmond, et Dominique PICARD (1984), *L'École de Palo Alto,* Paris, Retz.

MEYERHOLD, Vsevolod Emilievitch (1973), *Écrits sur le théâtre,* Lausanne, La Cité, 4 t.

MOUNIN, Georges (1970), *Introduction à la sémiologie,* Paris, Éditions de Minuit.

SCHRAMM, Wilbur (1992), « La nature de la communication entre les humains », dans Gilles WILLET (dir.), *La communication modélisée,* Ottawa, Éditions du Renouveau Pédagogique inc., p. 72-100.

WATZLAWICK, Paul, Janet HELMICK BEAVIN et Don D. JACKSON (1972), *Une logique de la communication,* Paris, Éditions du Seuil. (Coll. « Point ».)

WILLETT, Gilles (dir.) (1992), *La communication modélisée,* Ottawa, Éditions du Renouveau Pédagogique inc.

WINKIN, Yves (1981), *La nouvelle communication,* Paris, Éditions du Seuil. (Coll. « Point ».)

L'ESPACE TROUÉ DE LA MÉMOIRE *RIVAGE À L'ABANDON* : ŒUVRE MULTIDISCIPLINAIRE

Louise Vigeant
Collège Édouard-Montpetit

Nul ne contestera qu'un spectacle théâtral soit une œuvre multidisciplinaire. Par définition, le théâtre est la rencontre de signes issus de systèmes différents : il est espace, lignes et couleurs, donc arts plastiques ; il est mots, donc littérature ; il est gestes et déplacements, donc chorégraphie ; il est bruit et sons, donc musique. On l'a souvent dit : le théâtre est l'art total. Toutefois, les conventions qui en ont régi la pratique ont tracé des frontières entre le théâtre et ces autres arts, de telle sorte qu'il ne dépend pas *vraiment,* pas tout à fait, de l'un ni de l'autre. Son espace, parce qu'il doit recevoir le jeu, n'est pas essentiellement une œuvre plastique, même s'il puise à la même matière. Son texte est inachevé sans la représentation. Sa gestuelle est plus motivée que dans la danse. Sa musique n'a pas l'autonomie d'un concerto. En fait, s'il est un art spécifique, c'est qu'il ne relève pas *uniquement* d'un de ces arts, mais bien de tous et qu'il doit trouver le lieu de leur coopération. Effectivement, la rencontre des signes théâtraux n'est pas superposition, mais syncrétisme.

Alors pourquoi le terme *multidisciplinarité* apparaît-il *aujourd'hui* dans le titre d'un colloque ? Peut-être parce que le mot a pris un regain de popularité, il y a quelques années, quand on a expérimenté de nouveaux matériaux comme la musique électroacoustique et surtout la vidéo, ou alors quand ont été créées des œuvres limites comme la performance de Laurie Anderson ou la danse-théâtre de Pina Bausch ; cette « nouvelle » multidisciplinarité signalait alors une volonté de la part de praticiens de se distancier des pratiques courantes, aux formes parfois figées, et le terme s'est vu auréolé d'une autre connotation : la postmodernité ! De toute manière, que l'on parle de la multidisciplinarité telle qu'elle a toujours existé dans l'art théâtral ou que l'on évoque une esthétique postmoderne, faisant éclater les frontières des arts (quoique cela se soit vu bien avant notre époque), la diversité systémique des signes spectaculaires et la *pluricodicité* posent de sérieux problèmes théoriques à qui désire décrire le fonctionnement du théâtre. La question reste toujours la même : comment en arriver à expliquer l'avènement du sens dans une œuvre de création aussi hybride ? A-t-on les moyens de décrire le processus de signification dans un spectacle théâtral ?

Pour tenter de donner quelques réponses à ces questions, je propose un exercice de lecture sémiotique de *Rivage à l'abandon,* un spectacle que Gilles Maheu a créé à partir de textes de Heiner Müller, au musée d'Art contemporain de Montréal, à l'hiver 1990. *Rivage à l'abandon* est une œuvre multidisciplinaire, puisqu'elle comprend des installations (ce qu'un musée d'art contemporain est habitué de proposer à ses visiteurs), et un spectacle où se mêlent opéra, jeu théâtral et vidéo ; il s'agit d'une œuvre très exigeante pour le spectateur, appelé à modifier ses habitudes de perception. Je voudrais profiter de l'occasion pour décrire, selon l'expression d'Umberto Eco, le travail de « coopération textuelle » qu'il enclenche, en espérant contribuer par là à mettre en lumière certains mécanismes de circulation de la signification dans ce spectacle. Il est difficile, voire impossible, d'expliquer le processus de génération du texte spectaculaire (je ne suis pas dans la tête de Maheu) ; toutefois, on peut « étudier comment le texte (une fois produit) est lu et comment toute description de la structure du texte doit être, en même temps, la description des mouvements de lecture qu'il impose » (Eco, 1985 : 10). Par exemple, sans parler des *intentions* des émetteurs, on peut remarquer la stratégie discursive que développe le texte spectaculaire à l'intention de ses récepteurs, bref son travail de prescription. Et l'on peut aussi s'engager dans l'exercice d'attribution du sens, en lisant différents signes qui nous sont offerts, c'est-à-dire en les considérant sur les plans sémantique, syntaxique et pragmatique.

Est-il nécessaire de dire que cet exercice est forcément aussi incomplet que subjectif, puisque l'objet même de l'analyse n'existant plus – l'œuvre étant disparue – les commentaires ne peuvent se faire qu'à partir de la mémoire que j'ai du spectacle, mémoire toutefois soutenue par des notes prises à l'occasion d'articles à écrire au moment de la création du spectacle[1] (Vigeant, 1990), de la relecture d'un important article de Diane Pavlovic (1990), qui a agi à titre de conseillère auprès de Maheu, de photos et d'une captation vidéo.

1. Voir également le texte de Jean-Marc Larrue (1990), alors que nous nous étions livrés au jeu du pour et du contre à l'occasion du même spectacle.

Si, comme le dit Pierre Bourdieu, « comprendre n'est pas reconnaître un sens invariant mais saisir la singularité d'une forme qui n'existe que dans un contexte particulier » (Bourdieu, cité dans Helbo, 1983 : 15), il faudra considérer les signes dans leur contexte d'énonciation et comme faisant partie d'un syntagme, alors seulement pourrons-nous remarquer le travail d'*interprétance* de ces signes. C'est en puisant à la théorie du signe de Peirce que j'essaierai de montrer comment les signes issus de systèmes différents se lient les uns aux autres pour constituer un spectacle cohérent.

Avant d'aller plus loin, je rappelle certaines définitions pour ancrer théoriquement mes propos. Selon Peirce, un signe est une structure à trois faces qui met en relation ce qu'il appelle un *representamen,* ou ce qui tient lieu de signe, un *objet,* ce que le signe représente (le prétexte du signe, ce qui l'a occasionné) et l'*interprétant,* c'est-à-dire ce que le signe suscite : ce peut être, bien sûr, du sens, qu'il soit dénotatif ou connotatif, mais ce peut être aussi un effet, soit une émotion, une sensation, ou même une réaction[2]. Ainsi donc, on *perçoit* un signe, mais on le *comprend* par les *interprétants*, ce sont eux qui établissent le rapport entre le signe et son objet.

Dans un spectacle, chaque élément est un *signe,* produit sous l'impulsion d'un *objet* à représenter, qui provoquera une série d'*interprétants* chez un spectateur. Celui-ci est alors engagé dans une expérience esthétique qui, elle-même,

> *sera dite* semiosis, *c'est-à-dire signe dynamique, action de signifier, donc action d'interpréter, communication et, partant, rencontre de sensibilités, de savoirs, d'interprétants semblables ou différents* [...] *qui s'harmoniseront ou se différencieront davantage au terme de l'aventure* (Francœur et Francœur, 1993 : 66).

Ce qu'il m'intéresse de montrer, c'est comment les signes scéniques produits par Maheu dans *Rivage à l'abandon* sont eux-mêmes des *interprétants* des mots-signes de Müller, signes scéniques qui déclenchent à leur tour une série assez fabuleuse d'*interprétants* chez les spectateurs. En outre, une telle étude devrait distinguer les types de rapports que ces signes entretiennent entre eux. Un signe visuel est-il la figuration, l'icône, d'un mot dans le texte, ou en est-il la métaphore ? Ce qui a prévalu à

2. Par exemple, quand je démarre au coin d'une rue, mon action est un *interprétant* du signe routier qu'est le feu vert.

l'organisation de l'espace scénique répond-il au principe de l'association libre, ou de l'évocation ? La musique est-elle un renforcement d'autres signes ou les confronte-t-elle ?

Des remarques préliminaires s'imposent. Présenté au musée d'Art contemporain, ce spectacle est libéré des contraintes architecturales habituelles de la salle de théâtre. On avait offert à Maheu tout l'étage du musée, et il s'en est servi ! Ainsi son spectateur a-t-il été invité à déambuler dans le hall, puis à travers trois salles, où l'attendaient des installations, avant de pénétrer dans une quatrième salle, aménagée, elle, pour un spectacle avec des fauteuils sur trois côtés. En conséquence, le spectateur jouissait d'une grande liberté de mouvement, il décidait de son point de vue et du rythme auquel il découvrait les différentes parties de l'œuvre ; il s'agit là du genre de rapport physique que l'on entretient avec une œuvre plastique. Ne serait-ce que parce qu'elle permet cette expérience esthétique, *Rivage à l'abandon* est une œuvre multidisciplinaire. On verra comment les trois salles préparent le spectateur à entendre les textes de la trilogie de Müller que Maheu traite comme trois actes. Pour marquer ce découpage, seront projetés sur écran géant les titres des textes dits par ailleurs par trois interprètes différentes : la soprano Pauline Vaillancourt, la comédienne Marthe Turgeon et la chanteuse Pauline Julien.

Déjà ces signes spatiaux mettent en branle les « encyclopédies » personnelles (Eco) des spectateurs à partir desquelles chacun construira sa compréhension du texte spectaculaire : celle-ci sera le résultat de l'enchaînement d'interprétants dont il me restera à découvrir les points de jonction, qui pourraient bien constituer des isotopies sémantiques.

On le sait, un signe possède une signification virtuelle qui sera actualisée selon le contexte dans lequel il sera perçu. Prenons un premier exemple : celui de la photographie de Marilyn Monroe que le spectateur aperçoit aussitôt qu'il a monté l'escalier pour arriver à l'étage des salles d'exposition. La photo est très connue et charrie avec elle un lot d'interprétants : le cinéma, le *star-system,* un certain canon de beauté, les années 1960, etc. ; on n'établit pas encore de lien avec ce que l'on sait du spectacle – peu de choses pour la plupart des spectateurs qui en connaissent le titre, peu informatif, *Rivage à l'abandon,* qui savent que l'auteur des textes est un Allemand de l'est, que Maheu signe la mise en scène (qui connaît son travail peut se rappeler qu'il s'est intéressé aux mythes des années 1960, tel JFK, dans *Le dortoir*... Est-ce un indice ?). Cette photo se présente donc comme une énigme. Bientôt, on découvre une seconde photographie, derrière la première, qui laisse voir Marilyn Monroe, sa tête boursouflée de suicidée sur la table de la morgue. Le contraste est frappant et provoque le choc des connotations précédentes avec des interprétants nouveaux : la laideur, l'horreur, la mort. Alors, l'image première devient le symbole de l'artifice, du faux : comment une telle joie a-t-elle pu faire place à un tel malheur ? Par cette simple (?) superposition de photographies, Maheu montre éloquemment le contraste entre l'image de la *star,* qui ne serait que mirage, et la réalité de la femme, victime, et par le même biais il montre la représentation comme distorsion. Alors quoi ? Ce spectacle va-t-il parler de la mort ? Des mythes ? Du mensonge ? De l'échec des rêves ? Pour le théoricien, d'autres questions peuvent surgir : quelles sont les sources textuelles de ces signes ? Quelles relations entretiennent-ils avec le texte de Müller ?

Suivons le parcours du spectateur. Au centre de la première salle, placé en diagonale, il y a un mur, englué et recouvert de coupures de journaux, de fragments de textes, mur sur lequel on a écrit un graffiti : le titre du spectacle, en français et en allemand. Connotations : l'obstacle, la ville actuelle, l'écriture, le palimpseste, l'Allemagne, le *hic et nunc* du spectateur. Le mot « abandon » peut provoquer souvenirs et malaises, selon les expériences de vie de chacun. Immédiatement des trous pratiqués dans ce mur invitent au voyeurisme. Cette idée trouverait son origine dans l'allusion de Müller à un *peepshow* dans la seule didascalie accompagnant sa trilogie. Par ces trous, on aperçoit des séquences filmées de la destruction du mur de Berlin. L'Allemagne s'impose donc comme sème important et, avec elle, son histoire : le fascisme, l'holocauste, la deuxième guerre mondiale, la division du pays, puis la guerre froide et, enfin, l'espoir d'un rapprochement. Observation : nous estimons tous avoir été témoins de la chute du mur de Berlin en 1989 ; or, n'avions-nous pas déjà l'attitude du voyeur quand nous regardions des scènes de son démantèlement à la télévision ? Si le contexte journalistique faisait en sorte que c'était d'abord et surtout le réseau des interprétants historiques et idéologiques qui s'imposait, dans *Rivage à l'abandon,* la mise en scène de Maheu hiérarchise autrement les interprétants, entraînant le spectateur dans un nouvel univers de coopération sémantique. Ici, l'interprétant *voyeurisme* – de celui qui, de l'Ouest, regarde ce qui se passe à l'Est – est propulsé à l'avant-plan parce que cette installation force le spectateur à caricaturer le rôle qu'il a déjà tenu dans le cadre de la médiatisation de ces événements. Concluons-nous que nous sommes les observateurs pervers de l'Histoire ? Que les événements sont toujours pour nous spectacle ? Immanquablement, les rapports entre le passé et le présent, l'individu et l'Histoire, la réalité et la fiction (tiens ! comme devant les photos de M. M.) sont autant d'« idées » qui nous viennent à l'esprit, une certaine honte un peu aussi…

Passons dans la deuxième salle où revient le motif de la ligne qui divise l'espace. Cette nouvelle installation fait immédiatement penser à un spectacle antérieur de Maheu. En effet, un tronçon de chemin de fer, placé sur de la terre, traverse cette salle comme dans *Le rail.* Ceux qui avaient vu ce spectacle se sont rappelé alors ses images très fortes qui dénonçaient la violence et la guerre. Ainsi se construit, d'une salle à l'autre, une isotopie de la guerre, avec tout ce que cela comporte de cruauté, mais aussi de désarroi, et un vif sentiment de gaspillage et d'inutilité. Toutefois, ce sème de la guerre n'échappe pas à ceux qui n'auraient pas vu *Le rail,* puisque ce chemin de fer, qu'on ne peut plus détacher de l'interprétant « Allemagne » déjà proposé par d'autres signes du spectacle, fait rapidement penser aux trains de la mort. À cela s'ajoute, en une sorte de prolepse de la musique que l'on entendra plus tard, la scène d'un musicien, sur le rail, qui joue du violoncelle pendant qu'est projeté sur le mur un texte de Müller intitulé *Medeaspiel* (titre qui agit comme un indice : Médée sera un personnage). Ce texte est une longue didascalie de scènes à mimer où se succéderaient un mariage, une parodie de la séduction, un accouplement, un enfantement ; puis l'homme, qui a été couvert d'armes, lit-on, « ne peut plus se mouvoir qu'à quatre pattes. Projection : massacre. La femme ôte son masque, déchire l'enfant et jette les morceaux dans la direction de l'homme. Des cintres tombent sur l'homme ruines membres entrailles[3] ». Ce texte porte-t-il en germe des éléments du spectacle à venir ? Vu que le travail du spectateur est de cumuler sens et impressions, qui trouveront graduellement leur ancrage, on peut penser que ce récit annonce le massacre des enfants de Médée en guise de punition de la trahison de Jason. L'Histoire puis la mythologie auront été citées pour nous parler des erreurs et de la déchéance de l'homme, des horreurs de la guerre mais aussi du mensonge et de la désillusion.

La troisième salle laisse voir des arbres enracinés au plafond, une sorte de paysage à l'envers[4]. Ici aussi, on peut lire en projection le titre d'un autre texte de Müller : *Paysage avec Argonautes,* qui sera dit durant le troisième acte du spectacle. Ainsi les trois salles semblent-elles correspondre à la trilogie des textes de Müller. La première est sous le signe de l'actualité politique ; la deuxième plonge à la fois dans un passé historique et mythique ; tandis que la troisième offre l'image d'un bouleversement, d'une sorte de chaos intemporel, mais où survivra un souffle d'espoir.

---

3. *Medeaspiel* a été publié en même temps que *Rivage à l'abandon, Matériau-Médée* et *Paysage avec Argonautes* dans *Germania – Mort à Berlin et autres textes,* aux Éditions de Minuit, en 1985.

4. J'ai repéré six occurrences des mots « arbre », « branche » ou « forêt » dans le texte de Müller.

Le nom de Médée avait déjà convoqué la mythologie ; voici que l'allusion aux Argonautes confirme cette référence à la conquête de la Toison d'or que ces héros grecs entamèrent en Colchide, la patrie que Médée trahira pour suivre leur chef Jason. La redondance des noms propres Médée et Argonautes affirme les thèmes de la quête chimérique et de la trahison, pendant que les signes visuels construisent celui de la désolation.

Dans sa didascalie, Müller écrit : « La simultanéité des trois parties du texte peut être représentée comme on veut. » La solution de Maheu, créer d'abord des installations dans trois salles, à travers lesquelles le spectateur peut aller et venir, répond à ce désir de simultanéité qui contribue au caractère atemporel de l'œuvre entière. Puisqu'il faut parler de multidisciplinarité, disons que le scénographe s'est fait ici plus que jamais plasticien. D'ailleurs, quand René Payant définissait l'installation comme une sculpture qui n'est « pas simplement un objet mais une *situation* » (Payant, 1985 : 7), il montrait jusqu'à quel point cet art s'approche de la scénographie. Toutefois, nous devons reconnaître que ces installations en sont bel et bien et que c'est justement grâce à leurs qualités propres qu'elles agissent d'une manière spécifique sur le récepteur et qu'elles ont un apport singulier à l'ensemble. L'action n'aura pas lieu dans ces salles ; l'espace, pour reprendre encore les mots de Payant, est « parcouru et vécu par le spectateur comme *site* » (p. 7). Il l'observe, le visite. L'action n'est que virtualité. En cela, l'installation n'est pas encore théâtre. En retraversant le hall, le spectateur apercevra encore quelques objets : un tableau vert, comme il y en avait déjà un dans *Le dortoir,* où a été griffonné un texte, un lourd rideau de velours rouge et, derrière la vitre, à l'extérieur, des fauteuils de théâtre, ceux-là même qui ont servi au décor de *Hamlet machine,* le premier texte de Müller que Maheu a mis en scène. Encore une fois il cite ses spectacles antérieurs. Jouons au jeu des associations : tableau vert = école = enfance = passé = réminiscences. Plusieurs mémoires sont convoquées ici : la mémoire individuelle de Müller, car le récit au tableau est celui de la première « trahison » dont se rappelle l'auteur quand, à l'âge de 4 ans, il a feint de dormir alors que son père l'appelait avant d'être amené par les SS ; la mémoire de Maheu, qui retient des traces de ses discours artistiques passés, et qui sont, soulignons-le, eux aussi, fortement marqués par le souvenir (ainsi les souvenirs de Maheu s'ajoutent-ils à ceux de Müller) ; et aussi la mémoire du spectateur qui, s'il a assisté à ces spectacles, voit *Rivage à l'abandon* s'enrichir d'autant de significations imbriquées. Et alors, petit à petit, on saisit comment le sème « mémoire » est présent dans la description sémantique de bon nombre de ces signes scéniques que je viens d'inventorier, autant que les sèmes de la guerre, de la violence ou de toute autre forme de « trahison », et cela avant même que le spectacle comme tel n'ait commencé…

Dans la dernière salle, les spectateurs sont distribués sur trois côtés d'une aire de jeu recouverte de terre et d'un peu de neige. Ce « paysage » est coupé en diagonale par un convoyeur – ce qui n'est pas sans rappeler le mur et le rail qui déchiraient eux aussi l'espace ; les musiciens seront placés dans un des angles formés par ce tapis roulant ; le mur du fond est occupé par de hautes piles de journaux au milieu desquelles perce un écran géant. Dès les premiers vers du texte de Müller (qui est plus près de la poésie que du dialogue dramatique traditionnel), on entend cette phrase qui peut avoir inspiré ces deux éléments du décor que constituent les piles de journaux et le convoyeur : « Ils traînent dans le métro visages de papier journal et de salive. » La présence de ces journaux agit comme une répétition, une redondance significative du sème de l'actualité, un interprétant déjà présent dans l'allusion à la chute du mur de Berlin. Le mot « visage », d'autant plus qu'il est associé ici au « métro », suggère l'idée d'anonymat, interprétant que Maheu renforcera par plusieurs autres signes de son spectacle : la plupart des figurants sont des non-professionnels, âgés de 8 à 84 ans ; à tour de rôle ils diront des textes de petites annonces, surtout de gens en quête de l'« âme sœur », comme on dit, (autre chimère ? autre douleur solitaire ?) ; et une bande sonore fera entendre des appels aux passagers comme dans un aéroport. Que l'espace d'énonciation soit un aéroport, cela avait été suggéré par le convoyeur sur lequel sont déposées des valises ; cette information sera confirmée par la première image qui apparaît sur l'écran : l'atterrissage d'un avion. Lieu d'arrivées et de retrouvailles, mais aussi de départs – qui sont parfois des déchirures –, lieu d'attente et de rencontres fortuites, lieu de passage, signe de mouvance, l'aéroport sent l'anonymat, la solitude, l'exil. Et peut-être même la mort, puisque, à la toute fin de *Paysage avec Argonautes,* de l'avion, qui avait d'abord été évoqué comme un signe d'espoir, viendra la mort. Ainsi la première image sur écran du spectacle ne servira pas seulement à créer l'espace dramatique de l'aéroport, mais elle annoncera les derniers vers (un autre exemple de prolepse) :

Le théâtre de ma mort
Avait déjà commencé quand j'étais entre les montagnes
Entouré de mes compagnons tués sur cette pierre
ET au-dessus de moi apparut l'avion tant attendu
Sans y penser je savais
Que cette machine était
Ce que mes grands-mères avaient appelé Dieu
Le souffle balaya les cadavres de la plate-forme

Et des coups de feu éclatèrent dans ma fuite titubante
Je sentis MON sang sortir de MES veines
Et MON corps devenir le paysage
De MA mort
ME TIRER DANS LE DOS LE PORC.

Après avoir puisé dans l'Histoire et les représentations mythiques des expériences humaines les plus troublantes, après avoir laissé transparaître, ici et là, dans l'éclat d'un mot, son expérience personnelle d'intellectuel allemand, Müller nous propose cette image fulgurante de la désillusion. Mais non sans nous entraîner dans un tourbillon d'identification que Maheu a renforcé en projetant sur écran des phrases tirées de la didascalie : « Comme dans tout paysage, le "je", dans cette partie du texte, est collectif. » Dans le même élan qui le faisait confondre différents temps et lieux, morts passées et présentes, destins individuels et collectifs, Müller prophétise l'avenir : « [...] *Paysage avec Argonautes* présuppose les catastrophes auxquelles travaille l'humanité actuelle. » Et il continue avec ce qu'il faut bien voir comme un credo de l'artiste, auquel adhère manifestement Maheu, en écrivant : « La contribution du théâtre pour les prévenir ne peut être que leur représentation. » On ne peut mieux appuyer le rôle des arts dans l'édification de notre société.

Je disais donc que cette image de l'avion, au tout début du spectacle, agissait comme une prolepse de l'image finale du texte. Il faudrait procéder à un tel jeu d'interaction entre tous les signes du spectacle, qu'ils soient concomitants ou successifs, pour en faire la radiographie complète. Ce qui est, bien sûr, impossible. Permettez-moi toutefois de souligner encore quelques exemples d'interprétance, ou de transcodage, en vrac, afin de faire remarquer comment l'hétérogénéité des moyens complexifie, tout en l'enrichissant, l'activité même de la représentation. Je n'ai rien dit de ces images vidéo de destruction, de guerre, tirées d'archives, ou de celles d'une fusée qui s'envole, pendant que Jason court d'une manière effrénée sur le tapis roulant vers cet agneau sanglant qui tient lieu de Toison d'or, ni comment, quand il s'affaisse, il semble écrasé par ce bateau anachronique sur l'écran, se substituant à son vaisseau qui était pourtant ce qui rendait possible toutes ses conquêtes. Je n'ai rien dit du choix de Maheu de faire d'abord jouer les scènes entre Médée et sa nourrice, et entre elle et Jason, par des enfants, comme s'il avait pris à la lettre cette phrase de Médée : « Des comédiens voilà ce que vous êtes Des enfants de la trahison. » Le théâtre dans le théâtre est amplement justifié par de nombreuses allusions au monde du spectacle dans le texte de Müller : théâtre, écran, parade, *stars,* Shakespeare, spectacle, comédiens.

Parfois, des images vidéo sont des sortes d'hyperboles de ce qui se passe dans l'aire de jeu, comme lorsqu'elles offrent des gros plans soulignant telle fatigue du visage, tel vide de l'âme ; ou alors elles sont des métonymies de certains passages de la fable, par exemple quand on ne voit que des flammes occuper tout l'écran alors que Médée s'exclame : « Regardez maintenant votre mère vous offrir un spectacle° Voulez-vous la voir brûler la jeune mariée. » La vidéo sera aussi un moyen pour Maheu de compléter les références de Müller à la misère contemporaine en projetant des images des sans-abris de Montréal, ou d'offrir un contraste éloquent à la déchéance décrite par le texte avec des images de la nature africaine d'une grande beauté... traduisant par là les quelques lueurs d'espoir présentes dans le texte, mais images où l'homme est significativement absent. Ailleurs, un chœur des Jeunesses hitlériennes envahit l'espace forçant l'association de toutes les formes d'assujettissements, des conquêtes de Jason aux guerres contemporaines, jusqu'aux procédés d'embrigadement ou d'aveuglement.

Et il faudrait encore, si j'en avais la compétence, rendre compte autrement que par des impressions des effets de l'alliance du récit et du chant. La musique originale d'Alain Thibault participe du refus des repères chronologiques, mais, surtout, son lyrisme et la magnifique voix, forte, de Vaillancourt, qui chante en allemand le texte précédemment dit en français, créent un effet d'étrangeté propice au caractère tragique de l'œuvre de Müller.

Rivage à l'abandon aura donc été cette œuvre multidisciplinaire capable par des signes aussi divers qu'un vieillard assis sur une minuscule bicyclette au milieu d'un univers lugubre, des images vidéo de la guerre du Viêt-nam, des cris de femmes berbères, et l'admirable récit d'un texte coup de poing, capable donc, d'évoquer de grandes calamités et de secouer une torpeur par trop présente. Maheu a offert un spectacle répondant à la fragmentation de l'écriture de Müller par un montage serré d'images discontinues et matériellement diversifiées sur le plan structurel, et, sur le plan thématique, à ses images récurrentes de mort, de sang, d'os et de chair. Dans un lieu réservé à la conservation des œuvres du passé, *Rivage à l'abandon* aura su être une œuvre théâtrale, donc éphémère, mais qui a souligné d'une manière pénétrante l'importance de la trace. Si Müller interpelle l'individu dans son rapport avec lui-même, avec l'autre et avec l'Histoire, Maheu a répondu à l'invitation de l'auteur allemand en procédant d'abord pour lui-même à cette difficile expérience d'introspection et de réflexion où crise individuelle et crise de civilisation se retrouvent soudées.

Et si la mémoire est un espace troué, on constate que l'œuvre artistique, elle, cherche à combattre l'amnésie. L'art – *Rivage à l'abandon* en apporte un exemple remarquable – est une démarche fondée sur l'héritage. Il s'abreuve au passé, dessine des cicatrices, revisite des vestiges, accumule images et voix, qui se sont déjà fait voir et entendre, ailleurs, autrement, y fait écho, en offre une diffraction, dans une circulation presque infinie de signes. Il ne peut s'agir alors que d'une répétition dynamique, c'est-à-dire une pure œuvre de création.

BIBLIOGRAPHIE

ECO, Umberto (1985), *Lector in fabula,* Paris, Grasset.

FRANCŒUR, Louis, et Marie FRANCŒUR (1993), *Grimoire de l'art, grammaire de l'être,* Sainte-Foy/Paris, Les Presses de l'Université Laval/Klincksieck.

HELBO, André (1983), *Les mots et les gestes,* Lille, Presses universitaires de Lille.

LARRUE, Jean-Marc (1990), « Rivage à l'abandon », *Cahiers de théâtre Jeu,* vol. 2, nº 55, p. 141-144.

MÜLLER, Heiner (1985), *Germania – Mort à Berlin et autres textes,* Paris, Éditions de Minuit.

PAVLOVIC, Diane (1990), « Theatre in the Museum : *Rivage à l'abandon* », *Canadian Theatre Review,* nº 64 (automne), p. 38-43.

PAYANT, René (1985), « Une ambiguïté résistante », *Parachute,* nº 39 (juin, juillet, août), p. 7-9.

VIGEANT, Louise (1990), « Rivage à l'abandon », *Cahiers de théâtre Jeu,* vol. 2, nº 55, p. 137-141.

THÉÂTRE DE RECHERCHE ET COSMOPOLITISME : REGARD SUR DEUX PRODUCTIONS VANCOUVÉROISES

Alain-Michel Rocheleau
University of British Columbia

> [...] l'homme, en tant qu'être culturel, [...] reste limité aussi longtemps qu'il ignore la nature des sentiers que lui offre la culture.
>
> Edward T. HALL,
> *Le langage silencieux.*

À l'heure où nos sociétés se développent dans un monde technologique et fortement médiatisé, les créations issues du théâtre de recherche, du théâtre multimédia ou de la danse-théâtre, transmettent au public de nouvelles façons d'appréhender le réel. En privilégiant dans un même spectacle différents moyens d'expression comme la danse et la musique, en proposant un discours textuel énoncé dans plusieurs langues, plurilinguisme souvent jumelé à des matériaux culturels exogènes, ou en dotant leurs productions d'instruments technologiques comme le laser, les écrans vidéo, l'ordinateur ou les micros sans fil, les praticiens de théâtre font voyager les spectateurs dans l'espace et dans le temps, les amènent à se référer à des contextes extrafictionnels multiples et leur permettent de faire ainsi l'expérience, au théâtre, de nouvelles dimensions spatio-temporelles. En d'autres termes, par la multidisciplinarité et par le multiculturalisme qu'il affiche, le théâtre actuel engendre un nouveau rapport dialogique entre la réalité et la fiction, dialogisme à l'intérieur duquel se rencontrent le passé et le présent, des idéologies, des langages artistiques et des procédés de théâtralisation multiples, aussi bien que des cultures et des époques différentes.

En examinant les images liées à la réalité de l'homme contemporain, les réalisations du Théâtre Repère, de la troupe Carbone 14, du Squat Theatre ou du Snake Theatre, pour ne mentionner que celles-ci, témoignent d'un mélange d'éléments culturels hétérogènes qui rend de plus en plus difficiles les efforts de délimitation des cultures d'ici et d'ailleurs. De telles réalisations scéniques, suspendues entre des langages et des types de théâtralisation divers, traduisent une forme d'annulation des différences culturelles et sociales au théâtre. Ce phénomène dialogique, désormais prêté au théâtre d'aujourd'hui, est également visible dans certaines productions[1] réalisées à Vancouver. Je tenterai de rendre compte de ce phénomène en m'attardant à deux productions récentes : *Keeping Secret* de Michael Yuki et *Times of Life* de Richard Page. Ces deux créations, que l'on peut associer au théâtre de recherche, témoignent, chacune à leur manière, des pratiques spectaculaires réalisées sur la côte du Pacifique.

KEEPING SECRET

Créée à Vancouver en décembre 1993, à l'occasion de la Journée internationale du sida, *Keeping Secret*[2] comporte quatre tableaux, séparés par de courtes transitions musicales, et raconte l'histoire de cinq jeunes séropositifs, un Américain, un Amérindien, un Canadien, un Japonais et un Thaïlandais d'origine, qui décident de se regrouper pour monter une pièce de théâtre. L'un d'eux propose à son grand-oncle, ancien acteur et spécialiste du théâtre *Nô,* de les aider à réaliser leur projet. Les six personnages se donnent alors rendez-vous dans un parc public du centre-ville de Vancouver, là où sera amorcé leur processus de création.

Dès les toutes premières minutes de la représentation, une photographie, projetée sur un écran vidéo et sur laquelle apparaissent des montagnes au sommet enneigé, le Lions Gate Bridge et un prunier

1. Malgré les liens sociaux, idéologiques et économiques qui unissent la Colombie-Britannique à la Californie depuis plusieurs années, la plupart des productions théâtrales que j'ai pu voir à Vancouver semblent se soustraire à l'influence que pourrait exercer sur elles l'avant-garde théâtrale californienne (par exemple, le Snake Theatre), dont l'utilisation des moyens technologiques sur scène ne reflète, du moins en apparence, aucun discours idéologique. Les productions vancouvéroises semblent en ce sens beaucoup plus près des créations réalisées par l'avant-garde new-yorkaise (par exemple, le Squat Theatre) dont le discours sur le monde technologique est particulièrement critique.

2. Ce spectacle a été créé au Royal Hotel de Vancouver dans le but de recueillir des fonds pour la recherche sur le sida.

recouvert de fleurs blanches délicates, permet au spectateur de reconnaître aisément le lieu où se déroulera l'action[3]. Sur scène, les cinq adolescents, tous habillés de *t-shirts* et de *blue-jeans* à peu près identiques, attendent l'arrivée de leur nouveau collaborateur tout en discutant des peurs, des tabous et des préjugés qui gravitent inlassablement autour de la sexualité, de la séropositivité et du sida. Par des propos plutôt crus et par de multiples références aux stéréotypes issus de la littérature populaire, les jeunes gens procèdent à une réflexion dans laquelle le vécu des séropositifs et l'avenir de leur génération se trouvent étroitement liés. L'arrivée du vieil homme, vêtu d'un magnifique kimono sur lequel sont brodés un pont, un arbre et quelques montagnes, met alors fin à la discussion. Après les présentations d'usage, l'homme propose la création d'une pièce en un acte, dont l'action se bornera à suivre les trois parties d'une intrigue élémentaire (exposition, nœud et dénouement) et que les membres du groupe auront à improviser en s'inspirant d'un canevas emprunté au théâtre *Nô*.

Après leur avoir expliqué les traditions liées à ce genre de théâtre, composé de danses, de chants, de musique, d'imitations, et après leur avoir décrit les types de personnages qu'on y retrouve, le vieil homme procède à la distribution des rôles. Mike (l'Américain) jouera le rôle du *shite*, sous la forme d'un spectre puissant qui parviendra à se matérialiser ; les deux domestiques de ce dernier seront interprétés par Steve (l'Amérindien) et Tom (le Canadien), alors que Yashi (le Japonais) et Phya (le Thaïlandais) joueront deux personnages aux traits mystiques : un moine, le *waki*, et son acolyte, le *tsure*[4]. Faisant fi des persiflages et des allusions ironiques proférés par les cinq adolescents, le vieil homme leur donne rendez-vous pour le lendemain.

---

3. Cette photographie, tout en faisant penser aux estampes traditionnelles de l'art japonais sur lesquelles sont souvent représentés le mont Fuji et des arbres en fleurs, favorisait également l'instauration d'un procédé de distanciation. Le Lions Gate Bridge, les montagnes au sommet enneigé et le prunier recouvert de fleurs blanches au printemps forment ensemble une image emblématique de Vancouver. Mais en intégrant cette image connue dans un spectacle où se côtoyaient culture orientale et occidentale, traditionalisme et modernisme, Yuki a semblé établir un lien entre les préoccupations environnementales, véhiculées en Colombie-Britannique depuis la fondation du mouvement Greenpeace au Canada, et les valeurs traditionnelles de l'art japonais, qui expriment une relation privilégiée à la nature.

4. Notons ici que l'annonce de ce *casting* déclencha une réaction amusée autant chez les acteurs que chez certains spectateurs qui, tout en comprenant la

Le deuxième tableau s'ouvre sur une discussion entre les six personnages. Avant de s'attaquer à l'improvisation d'un prélude à leur spectacle, composé de musiques et de danses, le vieux maître estime nécessaire d'expliquer aux cinq apprentis ce qu'il attend d'eux et, plus précisément, le sens qu'ils devront prêter à l'objet de leur création. L'homme précise d'abord que la musique et la danse, dans le théâtre *Nô,* correspondent à des intentions nobles et gracieuses, raffinées et nuancées, qui expriment le plus souvent l'humilité de l'homme devant les divinités immortelles. Puis, après avoir remis une flûte et un tambour-sablier à deux d'entre eux, il laisse les membres du groupe improviser à leur guise. En un rien de temps, le prélude improvisé se transforme en un défilé digne du carnaval de Rio. Alors que Steve tape sur le tambour et exécute par des gestes excessifs une danse rituelle amérindienne, Mike, euphorique, insère la flûte dans son pantalon et se met à sautiller de plaisir. Tom, quant à lui, caricature une *strip-teaseuse* par des mouvements érotiques provocateurs, gestes ponctués par les cris de Yashi et de Phya aux connotations nettement orgasmiques. Ne pouvant rétablir la discipline dans le groupe, le vieil homme demande aux cinq adolescents de revenir le lendemain, puis quitte la scène. Ces derniers restent sur place et se mettent à discuter.

Leur entretien, qui constitue l'essentiel du troisième tableau, contribue à renseigner le spectateur. De leurs propos se dégage alors une série d'images et de situations condensées dans de brèves explications : relations troubles de Steve avec ses parents alcooliques ; bataille de rue entre Yashi et un groupe de *skinheads* ; évocation percutante d'une conversation entre Tom et son frère aîné, un pasteur de l'Église baptiste, au sujet de l'homosexualité ; témoignage de Phya sur le caractère souvent aseptisé de la pratique médicale ; désillusions de Mike sur les artifices reliés au monde de la drogue. Tous ces détails personnels, livrés avec des expressions comiques et un langage corporel désinvolte, font rire le spectateur tout en dégageant une charge émotive certaine en raison du sérieux des circonstances évoquées.

Après une courte transition musicale, modulée par les sons d'une flûte aux accents mélancoliques, l'action du quatrième tableau s'amorce

---

fonction des rôles attribués, semblaient s'amuser au décodage des références socioculturelles et des enjeux politico-économiques sous-jacents aux indications du vieux maître : un Américain (matérialisme puissant), aidé par deux « subalternes » (un Canadien et un Amérindien), doit se mesurer au pouvoir (pensons au protectionnisme économique des Japonais) détenu par deux Orientaux : un Japonais et un Thaïlandais.

alors que le vieil homme décrit aux jeunes acteurs les situations dramatiques à partir desquelles ils auront à improviser. L'homme structure l'enchaînement des cinq situations qu'il propose de la manière suivante : d'abord, une présentation du *waki,* du *tsure* et de l'histoire de leur périple ; puis, l'arrivée des deux domestiques et du *shite* ; ce dernier, représentant l'esprit d'un défunt, dialoguera avec le *waki* avant de quitter la scène ; ensuite viendront les commentaires du *tsure* et des deux domestiques sur ce qui vient de se passer ; cette discussion fera alors place au retour du *shite* qui, sous une forme incarnée, revivra dans une danse les faits marquants de son ancienne existence ; enfin, le *waki* tentera d'apaiser les souffrances exprimées par le *shite.*

Sans préambule, les cinq acteurs plongent alors dans le vif de leur exercice d'improvisation. Yashi et Phya se présentent d'abord comme deux individus séropositifs et expriment, dans des discours à la fois drôles et touchants, leur crainte commune de développer le sida, peur qu'ils ont toujours voulu garder secrète. Par la suite, Mike, quelque peu grotesque dans sa folle gesticulation, arpente rapidement l'espace de jeu. Pendant de longues minutes, les paroles qu'il échange avec Yashi tournent autour de la question suivante : peut-on considérer le fait d'être séropositif ou porteur du sida comme un châtiment divin ? Pendant que Mike s'éloigne du *waki,* Phya, Tom et Steve commencent à dialoguer entre eux. Après de courts échanges marqués par un ton ironique, les trois personnages parviennent à s'entendre sur le bien-fondé de l'abstinence sexuelle et sur la nécessité d'être toujours méfiant envers les étrangers, « dans le lit comme dans la vie ». Le retour de Mike sur scène marque alors un moment important dans le jeu d'improvisation. En accusant le monde qui l'entoure et en dénonçant l'individualisme, la discrimination, le racisme et la violence qui s'y profilent, le *shite* demande au *waki* s'il aurait mieux valu pour lui ne s'être jamais incarné. Ce dernier lui répond que l'esprit des morts ou que les dieux immortels ne sauraient être tenus responsables de la souffrance humaine, tout en ajoutant que le monde ne peut vraiment changer que par la volonté et le comportement des êtres vivants. Sur les paroles de Yashi prennent alors fin l'exercice d'improvisation et le spectacle.

La richesse de ce spectacle est d'abord visible dans le discours des personnages qui énoncent toute une série de propositions destinées à relier les expériences du vécu marginal à différents phénomènes sociaux : le rejet des personnes séropositives et sidéennes, la discrimination, le racisme, l'alcoolisme, la toxicomanie et la violence. Ces relations, à peine esquissées dans les propos de chaque protagoniste, visent surtout à montrer que par rapport à une réalité donnée, dont la saisie se complexifie de plus en plus, différents problèmes s'interpénètrent, méritent tous d'être approfondis et, idéalement, résolus. Cette mise en relation permet finalement de dépasser le thème initial de la séropositivité pour atteindre un sujet encore plus universel : le besoin d'être aimé dans le respect et la dignité, besoin qui transcende, depuis que l'homme existe, les barrières ethniques, spatiales et temporelles.

La portée universelle de ce message est également repérable dans les différents modes d'expression du discours scénique. Par exemple, les espaces visuels et sonores lient deux univers culturellement et géographiquement éloignés (Vancouver et le Japon[5]), au moyen des décors, bien sûr, mais aussi par les transitions musicales qui évoquent, grâce au son d'une flûte japonaise, un climat teinté d'exotisme et de mysticisme. La présence sur scène d'un écran vidéo et d'accessoires, comme le tambour-sablier et la flûte, contribue au même titre à placer l'ensemble du spectacle dans un incessant métissage de cultures, d'époques et de lieux différents. Les connotations temporelles liées à l'utilisation de ces objets semblent également indiquer que l'expérience des *burakumin,* ces itinérants du début de l'ère féodale dont l'existence a été évoquée par le vieil homme au cours du spectacle, pouvait être mise en correspondance avec la réalité contemporaine des Vancouvérois séropositifs.

De la même manière, les costumes, tout en alliant l'imagination à une volonté de typification, établissent des relations riches de sens entre les cinq personnages, habillés de *t-shirts* et de *blue-jeans* à peu près identiques, et le vieil homme, vêtu d'un kimono. Ces costumes, un peu à la manière des masques du *Nô,* du théâtre grec antique ou de la commedia dell'arte, ont pour fonctions de transformer les six personnages d'origines ethniques différentes en types généraux, de marquer l'appartenance des jeunes séropositifs à un même groupe de référence et de contribuer à un processus d'éloignement–rapprochement entre les différents signes lisibles sur la scène : éloignement–rapprochement entre l'Orient et l'Occident, entre l'héritage du passé et les valeurs du présent, entre les pratiques rituelles et l'adaptation aux changements vertigineux du quotidien, entre le religieux et le profane, entre le théâtre et la réalité. D'ailleurs, certains signes contribuent fortement à l'efficacité de ce processus. Les montagnes, le pont et les arbres, projetés sur l'écran vidéo et brodés sur le kimono du vieil homme ; les *jeans* rapiécés de bandes colorées que

5. Il n'est pas inutile de rappeler ici que, depuis quelques années, Vancouver entretient des liens socioculturels et économiques très étroits avec bon nombre de pays orientaux, dont le Japon. Il n'est donc pas surprenant que ce fait d'importance rejoigne l'imaginaire de plusieurs créateurs vancouvérois.

portaient Tom et Steve, les deux valets indisciplinés du *shite,* et qui font penser au costume d'Arlequin, sont au nombre des éléments scéniques qui permettent aux spectateurs de dépasser les frontières de l'espace et du temps. Mentionnons aussi que l'utilisation de micros sans fil, dissimulés dans les costumes, favorisent autant la captation que la transformation des bruits produits par les acteurs et donnent par le fait même à l'espace sonore une autonomie créatrice. À ce chapitre, l'organisation des voix, des chants et de la musique affiche la même rigueur que les autres langages spectaculaires.

Le public vancouvérois, peu habitué à ce genre de production, a vu défiler sous ses yeux plusieurs procédés de théâtralisation empruntés à des styles diversifiés : le théâtre dans le théâtre ; le jeu d'improvisations des cinq adolescents, structuré sur un canevas du théâtre *Nô* mais qui, par l'attitude burlesque des acteurs, l'érotisme contenu dans les propos énoncés et le comique des situations, prenait souvent les traits dominants du *Kyôgen* et du *Kabuki*. Maintenue dans une opération de rapprochement du traditionnel et du nouveau, du style « noble » et du style « grotesque » (Bakhtine, 1970 : 302), l'attention du spectateur est également sollicitée par des thèmes et des procédés de type carnavalesque. Par exemple, des éléments contraires et indissolublement liés comme le bien et le mal, la vie et la mort, le ridicule et le sérieux, apparaissent régulièrement dans les propos des cinq adolescents. À une gestualité très libre s'ajoute le francparler des jeunes personnages chez qui l'intention de tout désacraliser se manifeste constamment. Au même titre que le discours textuel et scénique, le langage corporel des comédiens exprime, par des accents souvent grotesques, une vision antinomique des enjeux sociaux évoqués durant le spectacle. Comme l'écrit Chantal Hébert, dans un article consacré à une production du Théâtre Repère intitulée *En attendant* : « Dans le monde actuel, réputé pour sa difformité, c'est-à-dire son manque d'identité et d'unité, le grotesque renonce à fournir une image harmonieuse de la société » (1990 : 116).

Par les procédés de théâtralisation et par le langage scénique qu'elle met en valeur, cette production de Yuki apparaît donc comme un lieu important de projections et de confrontations idéologiques. Ce fait est particulièrement visible au moment où le vieil homme propose aux cinq adolescents d'improviser à partir d'un canevas du théâtre *Nô*. En prenant au sérieux la fonction ritualisante de cet exercice théâtral, les jeunes protagonistes réussissent à exprimer des sentiments qu'ils considéraient comme indicibles. Or, comme le précise Edward T. Hall : « Le meilleur moyen d'approfondir la connaissance de soi est de prendre au sérieux la culture des autres, ce qui force l'homme à être attentif aux détails de sa vie qui le différencient d'autrui » (1984 : 50). En somme, tout en participant de manière artistique aux débats sociaux qui préoccupent la communauté internationale, cette production interroge notre réalité contemporaine en proposant aux spectateurs de nouvelles façons d'envisager le monde dans lequel nous vivons, ici comme ailleurs. La recherche et la réalisation de ce genre d'objectifs paraissent tout aussi visibles dans la création de Page présentée dans le cadre du *Fringe Festival* de Vancouver.

TIMES OF LIFE

Times of Life[6] raconte l'histoire de deux couples qui, tout en évoluant dans des espaces-temps différents, partagent sensiblement les mêmes difficultés. Les quatre personnages de cette pièce sont incapables d'actualiser par des gestes spontanés leur désir mutuel de proximité physique. Seule la danse, entrevue comme la manifestation d'un rapprochement corporel socialement admis, leur permettra d'abolir les différentes barrières qui paralysent leur besoin d'être ensemble.

Dans ce spectacle, deux espaces, divisés par de grandes moustiquaires verticales, remplissent la scène. Le premier espace représente un pavillon d'été, dont la couleur brunâtre fait penser à une vieille photographie, et qu'on a situé dans la ville de Manchester au New Hampshire. L'action qu'on y présente se déroule au milieu des années 1930 et pourrait être résumée ainsi : Margaret, tout en étant mariée, s'est follement éprise d'un jeune *marine* nommé Walter. Malgré les demandes répétées de celui-ci, elle se sent incapable de quitter le foyer conjugal. Manchester n'étant pas New York, et tout le monde se connaissant dans ce patelin, un tel geste entraînerait la condamnation formelle des deux amoureux par les gens de la communauté. Résolu, non sans douleur, à mettre un terme à son idylle, le couple décide de se rencontrer une toute dernière fois à l'occasion d'une soirée mondaine. Le deuxième espace, situé à la droite des spectateurs, représente un petit appartement meublé d'objets qui s'entassent les uns sur les autres et qui nous sont familiers : deux fauteuils en cuir, une chaîne stéréophonique, un gigantesque téléviseur et une étagère couverte de cassettes vidéo. L'action se déroule à Chicago au début des années 1990 et repose sur les faits suivants : pour contrer la solitude qui les habite, alors qu'ils vivent dans une ville de plus en plus impersonnelle où tout le monde se craint, où personne ne se parle

6. Cette production théâtrale a été présentée au Firehall Arts Centre de Vancouver, en septembre 1993.

vraiment ni ne se touche, Susan et Kevin se sont inscrits à un atelier de danse sociale qu'ils fréquentent depuis un an. Sans vraiment connaître Kevin, son partenaire de danse, Susan l'invite à son appartement dans le but avoué de pratiquer quelques pas de tango.

Le premier tiers de cette production vancouvéroise donne à voir quatre personnages isolés dans leur individualité et à entendre des dialogues constitués d'amorces de phrases, insérés entre des gestes timides de rapprochement. Dès le lever du rideau, bien que Margaret et Walter soient les seuls personnages visibles dans le pavillon d'été, des murmures et des éclats de voix enregistrés sur une bande magnétique nous indiquent la présence de plusieurs convives. Se sentant traqués par les regards de la foule invisible, les deux personnages limitent leur conversation à des propos banals et formulés sur un ton impersonnel, tout en maintenant entre eux une distance importante, comme si une large tranchée les séparait tant physiquement qu'émotivement. Alors que Walter parle de la chaleur morbide qui pèse sur tout le New Hampshire, Margaret se dit obsédée par la grandeur des arbres qui bornent le jardin. Malgré ces constatations sans grand relief, les paroles et les gestes des deux protagonistes se condensent tout de même en une série de signes redondants qui leur permet, malgré la distance qui les sépare, de rester en contact, de susciter l'écoute et le regard de l'autre.

L'action s'amorce dans le petit appartement de Susan alors que celle-ci reçoit la visite de Kevin. Visiblement intimidés l'un par l'autre, les deux individus s'assoient rapidement et, tout en discutant de choses et d'autres, se mettent à regarder la télévision. Sur l'écran géant se succèdent des personnages de romans-feuilletons, de *vidéoclips* et de bandes dessinées. Les images, qui se chevauchent au rythme du *zapping,* fusent entre de courts échanges verbaux et viennent combler les nombreux silences qui s'installent dans la conversation[7]. Presque immobilisés par les meubles, les deux personnages introduisent dans leurs propos

7. Dans cette scène, tous les objets technologiques apparaissent comme l'emblème d'un nouveau langage qui se substitue à la parole et aux interactions véritablement humaines. Ces objets sont liés, de manière immédiate, au langage de notre culture nord-américaine. Les propos hachurés, qu'échangent Susan et Kevin, adoptent un rythme de *zapping* qui en dit long sur nos façons de communiquer entre nous aujourd'hui. Comme l'écrit Hall : « Les objets ont un lien étroit avec le reste de la culture. On assimile souvent à l'ensemble de la culture d'un peuple l'évolution ou l'absence d'évolution des objets qu'il utilise [...] non seulement chaque objet possède un nom, mais l'homme manipule de la même manière l'objet et le langage. Il est impossible de définir une culture sans langage ni objets » (1984 : 76).

plusieurs thèmes qui s'entrelaceront au fil de leur rencontre et parmi lesquels figurent le plaisir de la danse, la difficulté de vivre seul, la routine du quotidien et la violence dans les rues de Chicago.

Lorsque débute le deuxième tiers de la représentation et que s'estompe graduellement la présence sonore des autres invités, Margaret et Walter se rapprochent discrètement l'un de l'autre. À travers des mots proférés avec plus ou moins d'assurance et de précipitation, la jeune femme livre peu à peu ce qu'elle ressent face à la vie. Durant toute son existence, explique-t-elle, elle s'est efforcée de plaire à sa famille, de vivre pour les autres tout en se pliant à des règles sociales normalisantes. Puis, elle s'est mariée à un homme qu'elle n'a jamais aimé tout en érigeant autour d'elle des barrières infranchissables dans le but de se protéger contre ses propres désirs. Walter, pour sa part, se contente d'expliquer à son interlocutrice les raisons qui l'ont amené à s'engager dans la marine américaine. Élevé dans une famille qui a toujours valorisé le patriotisme et entretenu la crainte du communisme, le jeune personnage se souvient d'avoir très tôt exprimé l'intention de servir son pays. Son désir de voyager sur les mers et l'insécurité financière suscitée par la crise économique l'ont rapidement incité à s'enrôler. Depuis lors, affirme-t-il à Margaret, il ne souhaite qu'une seule chose : vivre heureux avec elle. Les confidences du jeune *marine* font alors place à une discussion entre Susan et Kevin.

Bien que timide et peu habituée à livrer ses états d'âme, Susan dévoile peu à peu à son interlocuteur, dans ce qui est presque un long monologue, les craintes qui l'habitent et au nombre desquelles figure la peur de sortir le soir dans les rues de son quartier, d'être attaquée ou dépouillée de ses cartes de crédit. Infirmière de profession, la jeune femme se plaint également d'être à la merci d'un système médical déshumanisant pour les patients moins fortunés et de plus en plus stressant pour les soignants. Voilés par une longue description des petites choses qui meublent son existence et qui met en évidence sa passion pour les romans-feuilletons et pour les *quiz* télévisés, ses propos cachent des sentiments indicibles que son vis-à-vis perçoit rapidement : une profonde solitude et un sentiment d'isolement permanent. Ingénieur dans une entreprise de logiciels, Kevin dit éprouver la même désolation intérieure, puisque lui-même passe la plus grande partie de son temps enfermé dans un bureau et la plupart de ses week-ends devant un écran d'ordinateur.

Si le caractère intime des propos échangés entre Margaret et Walter, puis entre Susan et Kevin, laissait entrevoir un certain rapprochement, ce n'est que dans le dernier tiers du spectacle que les personnages parviendront vraiment à se rejoindre. Tout en se laissant porter sur des airs de valses empruntées à l'opéra *Le chevalier à la rose* de Richard Strauss,

Margaret annonce à Walter qu'elle a la ferme intention de quitter son mari et d'aller vivre avec lui. Celui-ci promet en retour d'abandonner sa carrière militaire et de se trouver un emploi dans le secteur civil. Alors que le couple reste immobile, Kevin propose à Susan de pratiquer les pas d'un tango qu'ils ont du mal à garder en mémoire. Au rythme de la musique, les deux danseurs laissent progressivement tomber les dernières barrières qui les emprisonnaient dans leur univers respectif, tout en formulant le souhait de se rencontrer plus fréquemment. Dans les dernières minutes de la représentation, les moustiquaires se lèvent, et les deux espaces, plongeant dans des clairs-obscurs, se fondent alors en une seule aire de jeu. Enfin libérés d'un environnement qui agissait sur eux comme un carcan inflexible, les quatre personnages, capables de disposer de l'espace et du temps, se retrouvent ensemble et dansent sur une chorégraphie qui semble improvisée.

Les impressions que peut susciter une production comme *Times of Life* sont évidemment multiples. Mais pour l'essentiel, ce qui ressort le plus de ce spectacle, c'est sans doute la concordance des significations que l'on peut établir, d'une part, entre le discours des personnages et le discours scénique et, d'autre part, entre les signes visuels et sonores. Tous ces éléments mobilisent constamment l'attention du spectateur dans un va-et-vient entre le passé et le présent, à travers des codes spatiaux et temporels différents. Par exemple, dans le discours des personnages, la recherche d'intimité et l'urgent besoin de s'évader hors des limites imposées par une réalité décevante apparaissent de manière récurrente. Ces deux thèmes, également visibles dans la portée symbolique que l'on peut accorder à la valse et au tango, prêtent aux deux espaces scéniques, l'un extérieur et l'autre intérieur, une grande richesse de sens. Ainsi, le pavillon d'été, par la présence ou l'évocation de certains signes, comme le regard réprobateur d'une foule d'invités, la chaleur de l'atmosphère et les arbres qui clôturent le jardin, apparaît comme un lieu oppressant pour Margaret et Walter. De la même manière, l'appartement de Susan, meublé d'objets entassés les uns sur les autres et parmi lesquels figure un immense téléviseur, fait penser à un véritable lieu de réclusion[8].

---

8. Dans le monde actuel (représenté ici par le cosmopolitisme américain et par différents matériaux technologiques), la « constitution du Moi est intimement liée à la possibilité d'utiliser explicitement les limites matérielles » (univers intérieurs, cloisons, porte fermée, système d'alarme, etc.) pour se protéger encore plus que jamais du monde extérieur. « [...] chez l'homme, le sentiment de l'espace est lié au sentiment de son Moi qui est à son tour en relation intime avec son environnement » (Hall, 1971 : 86).

La signification que l'on peut prêter aux différentes composantes de ce langage spectaculaire traduit, en fait, la présence de deux types de théâtralité. Le premier type propose aux spectateurs une réflexion sur les rapports antagonistes qui confrontent depuis toujours l'individu à la collectivité. En érigeant des barrières invisibles autour d'eux, pour se protéger des autres ou de la violence sociale accrue dans un monde de plus en plus hétérogène, et en maintenant une distance physique qui protège leur intégrité personnelle, les protagonistes de Page nous montrent comment un environnement peut conditionner les comportements autant que le vécu intérieur des êtres humains[9]. Grâce à l'expression coordonnée de ces signes visuels, le spectateur est à même de mieux comprendre comment les valeurs sociales et culturelles dominantes favorisent l'intégration de schémas comportementaux qui dictent aux individus la perception et l'usage des espaces qu'ils occupent, ce qui est le propre du concept de proxémique développé par Hall.

Le deuxième type de théâtralité, celui-là hautement technologique, nous est présenté durant le spectacle par le biais d'un immense téléviseur, d'images qui se succèdent à un rythme endiablé, par la présence sur scène d'innombrables cassettes vidéo et par l'attitude de Susan et de Kevin, captivés par un environnement technologique. Par l'agencement de ces différents signes, ce type de théâtralité témoigne en fait de la nouvelle situation de l'homme qui, évoluant dans un monde médiatisé par des objets audiovisuels, érige de nouvelles barrières qui le séparent de la présence tangible d'autrui. Ce langage spectaculaire véhicule aussi une image de l'homme moderne qui, tout en se substituant à des outils qui prolongent ses sens (comme les boîtes vocales, les répondeurs téléphoniques et les guichets automatiques qui font maintenant partie de nos habitudes de vie), développe la faculté de remplacer la présence d'individus réels par un univers d'informations sonores et visuelles. Ainsi, par les chevauchements des personnages de romans-feuilletons, de *vidéoclips* et de bandes dessinées qui apparaissent sur l'écran de Susan, autant que par le jeu subtil qui s'établit entre la présence des personnages sur scène et celle qui était médiatisée par le téléviseur, les spectateurs peuvent mieux décoder l'interférence qui existe désormais entre la réalité quotidienne, connue et rassurante, et une autre, presque inconnue, qui, à cause des moyens technologiques de plus en plus envahissants, devient inquiétante.

---

9. Ces « barrières invisibles » correspondent à que Hall appelle des « bulles » ou des « ballons » de protection. Selon lui, l'homme « est entouré d'une série de "bulles" ou de "ballons" aux formes irrégulières, qui servent à maintenir un espacement spécifique entre individus » (1971 : 25).

En somme, en interrogeant les images et les nouveaux modes d'existence de l'homme moderne, des productions comme *Keeping Secret* et *Times of Life* mettent en valeur plusieurs questions que le confort de nos habitudes ou que notre indifférence nous font oublier ou, du moins, nous font banaliser sans les avoir vraiment considérées. Ces deux créations, issues du théâtre de recherche, témoignent de notre réalité quotidienne en montrant un certain « brouillage » culturel qui rend de plus en plus périlleux aujourd'hui les efforts de délimitation des cultures territoriales et individuelles. Dans leurs spectacles, Yuki et Page, à l'instar de Robert Lepage, Gilles Maheu, Bill James et Tedd Robinson, font se croiser, se confronter et, parfois même, s'amalgamer plusieurs héritages culturels, mettent en valeur ce qui distingue autant que ce qui unit des traditions et des époques différentes, tout en montrant que nous habitons tous désormais une planète où les frontières qui séparent habituellement les peuples s'estompent peu à peu.

BIBLIOGRAPHIE

BAKHTINE, Mikhaïl (1970), *L'œuvre de François Rabelais et la culture populaire au Moyen Âge et sous la Renaissance,* Paris, Gallimard.

HALL, Edward T. (1971), *La dimension cachée,* Paris, Éditions du Seuil.

HALL, Edward T. (1984), *Le langage silencieux,* Paris, Éditions du Seuil.

HÉBERT, Chantal (1990), « "En attendant" : rencontre du théâtre de recherche et du théâtre "bas" », *L'Annuaire théâtral,* n° 8 (automne), p. 109-120.

L'AUTRE ET LE MÊME : THÉÂTRE DE FRANCE ET THÉÂTRE QUÉBÉCOIS CONTEMPORAIN

Gilbert David
Université du Québec à Montréal

> Jamais nous n'avons prétendu que nous étions français – le français de notre nom – au sens européen du terme. Mais la France a servi, à rebours, d'abcès de fixation à notre sentiment de dépossession.
>
> Jean BOUTHILLETTE,
> *Le Canadien français et son double.*

La problématique de l'altérité a littéralement envahi le champ de la réflexion occidentale, à la manière d'un brûlant retour du refoulé. Faut-il s'en surprendre devant une fin de siècle qui, entre autres phénomènes, connaît une telle abondance de mouvements de population, désirés ou subis ? Nous vivons en effet une période de profonds bouleversements planétaires, tant technologiques que politiques et culturels. Et ces mutations s'accompagnent de convulsions identitaires, voire de conflits meurtriers, dont nous sommes quotidiennement les témoins effarés et trop souvent impuissants.

Or le territoire de la culture qui est aussi celui de l'imaginaire est devenu incommensurable, lui qui, il n'y a pas si longtemps encore, se trouvait délimité par des frontières relativement étanches, indissociables d'un État-nation, garant d'une identité collective forte. Certes, le cosmopolitisme n'est pas un phénomène récent, particulièrement en Europe où le brassage des cultures est depuis longtemps une réalité dynamique. Mais le mode privilégié de la présence de l'Autre au sein des cultures nationales en Occident en fut un de traduction, en fonction des besoins de la culture cible qui interposait ses propres filtres dans l'appropriation des énoncés de la culture source. Il n'est que de penser – on pourrait multiplier les exemples – à la façon qu'on a eue, en France, de traduire les pièces de Shakespeare au XIXe siècle et, plus près de nous, celles de Tennessee Williams et de Sam Shepard[1]... Ce phénomène a été étudié au Québec par Annie Brisset qui, après avoir examiné les pratiques des traducteurs en théâtre de 1968 à 1988, notait jusqu'à quel point ce qu'elle appelle la traduction identitaire devient « un acte de réappropriation » et « une opération territorialisante » (1990 : 265) qui n'est pas sans révéler des rapports problématiques à l'Autre.

La nécessité de traduire n'a pas pour autant à être remise en cause, mais elle s'accompagne aujourd'hui d'une plus grande vigilance à l'égard de ce que Patrice Pavis nomme les « modélisations culturelles » (1990) du texte source. D'autant plus qu'au cours des deux dernières décennies, les occasions pour un public national donné d'être exposé directement à des manifestations culturelles autres se sont multipliées, grâce – pour s'en tenir au théâtre – à des festivals internationaux et à des tournées qui rendent accessibles, avec ou sans traduction *ad hoc,* un nombre sans cesse grandissant de spectacles étrangers. Cette situation est, on s'en doute, encore plus fréquente pour les spectateurs « professionnels » que sont les critiques et les chercheurs. L'Autre au théâtre se présente dorénavant à soi, non plus de façon intermittente et très discontinue, à l'image de ces Expositions où les colonisateurs exhibaient de temps en temps dans la métropole les belles prises prélevées sur le patrimoine de leurs administrés exotiques, et non plus seulement sur le mode de la traduction-appropriation, mais d'une manière qui donne à voir et à entendre, presque sans médiations, des œuvres scéniques, porteuses de leur pleine charge d'altérité.

Il y aurait beaucoup à dire également sur le croisement des cultures dans les pays occidentaux eux-mêmes, à la suite de divers mouvements migratoires, ce qui alimente bien des débats sur l'avenir des nations d'accueil et ce qui engendre parfois chez celles-ci une angoisse identitaire, voire le ressentiment d'une partie de leurs populations, qu'exploitent démagogiquement de dangereux apprentis sorciers, aidés en cela par un nouvel ordre économique mondial qui met au chômage des millions d'individus. Sans m'étendre davantage sur les tensions interculturelles propres aux pays occidentaux (ou non, d'ailleurs), je souhaite quand même soumettre ici à l'attention que, dans un tel contexte, le théâtre, où qu'il se fasse dans le monde, ne saurait, malgré ses moyens apparemment dérisoires, se soustraire à ses responsabilités face à la montée des

1. Notons ici ce que peuvent souvent avoir de problématiques, aux oreilles de francophones nord-américains, les traductions des pièces d'auteurs américains contemporains par des Français.

crispations identitaires. En même temps, il faut, me semble-t-il, reconnaître que, pour rester vivant, un théâtre ne peut ignorer les liens qui le soudent à sa communauté immédiate, avec son histoire, ses traditions et ses valeurs collectives singulières, ce qui ne lui interdit pas d'en interroger, pour ainsi dire de l'intérieur, les tenants et aboutissants. En d'autres mots, le théâtre qui risque d'être le plus créateur n'a-t-il pas à travailler à la fois dans l'homogène, qui ne va pas sans enracinements identitaires, et sur l'hétérogène, qui consiste peut-être plus à prendre congé de soi qu'à s'adonner au seul jeu de la différence pour la différence ?

J'ai voulu souligner, ne serait-ce qu'en préambule, en quoi le théâtre, notamment en Occident, est de plus en plus travaillé par son Autre. Cette altérité est en l'occurrence plus ou moins lointaine. Claudel, et plus tard Brecht et Artaud ont, en se tournant vers l'Orient, préfiguré ce qui est devenu en quelque sorte le pain quotidien de nombreux créateurs contemporains de premier plan, tels Peter Brook, Ariane Mnouchkine ou Eugenio Barba. Au Québec, on peut nommer Gilles Maheu et Robert Lepage qui, chacun à sa manière, ont joué de l'exotisme à des fins d'« étrangéisation ». L'Orient, je ne suis pas le premier à le dire, fascine l'Occident, en raison peut-être de son opacité, de son « empire des signes » (comme l'a pointé Barthes) à jamais rebelle à une assimilation sans reste.

Mais il s'agit là d'un cas extrême d'altérité où l'Autre est un lieu de déterritorialisation, de mise à distance radicale des codes culturels de l'artiste occidental, sinon de son imaginaire. Pourtant, il m'a semblé que, dans un colloque qui invitait à réfléchir à la question du multiculturalisme dans le théâtre actuel, il y aurait de l'intérêt à se pencher sur une altérité sans doute moins radicale, plus proche mais, comme on le verra, quand même porteuse de distanciation. C'est pourquoi j'ai choisi de me pencher sur les relations entre ce que j'ai nommé le Théâtre de France – les majuscules veulent signaler un référent construit qui désigne un champ « national » doté de sa propre dynamique culturelle – et le théâtre québécois contemporain.

La naissance du théâtre québécois est, comme on sait, tout à fait récente. En gros, jusqu'au milieu des années 1960, on utilisait pour désigner les francophones d'un bout à l'autre du Canada le nom composé « Canadiens français ». Le terme « Québécois » s'est imposé dans le sillage de la Révolution tranquille et, notamment, à travers la revue montréalaise *Parti pris* qui allait, entre 1963 et 1968, définir un nouveau projet de société, axé sur trois objectifs : indépendance, socialisme et laïcité. Sur le plan culturel, cette revue va aussi brandir le « joual » – la langue française imprégnée d'anglicismes telle que parlée à Montréal – en tant que symptôme de la domination culturelle et, au-delà, économique et politique des francophones du Québec. On soupçonne aisément que cette activité de nomination, sous couvert de décolonisation, répondait à une volonté d'affranchissement d'une partie de l'intelligentsia par rapport aux tendances assimilatrices du conquérant britannique et, plus largement, de l'anglophonie nord-américaine.

Moins prévisible, dans cette foulée autonomiste, fut le rejet de la France par un nombre significatif de créateurs, en particulier dans le domaine théâtral qui m'intéresse ici. Sans doute y avait-il eu auparavant, dans le théâtre d'un Gélinas et d'un Dubé, par exemple, l'expression d'une volonté d'affirmer la spécificité de l'expérience collective des Franco-Américains concentrés au Québec. Mais l'affirmation d'une différence ne peut être confondue avec l'existence d'une altérité. C'est pourtant ce que vont souhaiter réaliser, avec un succès certain, des auteurs comme Jean-Claude Germain qui, par exemple, multiplie les déclarations incendiaires sur les « fils du père Legault », en s'attaquant à l'emprise du modèle hexagonal sur les pratiques scéniques au Québec.

En 1970, Germain, dans un texte intitulé « C'est pas Mozart, c'est le Shakespeare québécois qu'on assassine », se lance en effet dans une attaque en règle contre ceux qui singeraient au Québec le Théâtre de France, et il écrit :

> *La génération des « fils du père Legault » (les ex-Compagnons de Saint-Laurent et leurs disciples) est entrée en théâtre comme on entre en religion. Elle a d'abord eu la* vocation *théâtrale, puis la* révélation *de la culture universelle et des grands textes. Forte de cette* vocation *et de cette* révélation, *elle a ensuite reçu la* mission *d'aller enseigner les grands textes au peuple québécois* ([1970] 1977 : 11).

Le terrain sur lequel se jouera cette rupture avec le Théâtre de France ne sera pas que linguistique, encore que l'oralité populaire y ait été le fer de lance d'une dramaturgie jubilatoire, parfois même carnavalesque, comparée à la tradition dramaturgique française dominante à laquelle il est alors reproché ses penchants littéraires, sa cérébralité et son « beau langage ». L'action militante de Germain vise également, même si c'est en quelque sorte par la bande, un trait majeur du Théâtre de France contemporain, à savoir la place prépondérante qu'y occupe le metteur en scène. Germain écrit ainsi :

> *Tant et aussi longtemps qu'il sera, exclusivement ou presque, un art de metteur en scène, tant et aussi longtemps que les comédiens seront satisfaits de leurs rôles d'interprètes soumis et irresponsables, le théâtre restera un art – quels que soient les nouveaux moyens techniques mis en œuvre – traditionnel et*

> *conventionnel, aliéné et aliénant, reproduisant dans sa pratique les conditions qui ont cours dans la société québécoise en général* (p. 16).

Il est évident que Germain tournait les coins rond et qu'il prenait quelques raccourcis, emporté qu'il était par son enthousiasme de prosélyte. Mais, néanmoins, on doit admettre que ses propos auront un impact considérable sur la pratique théâtrale au Québec, en se servant notamment du Théâtre de France comme repoussoir d'une créativité québécoise « authentique ». Il s'est agi là, on le voit mieux aujourd'hui, d'un élément d'une stratégie par laquelle on cherchait à déloger les praticiens d'origine hexagonale et ceux qu'on taxait d'être leurs pâles imitateurs locaux, qui occupaient des postes de direction dans les écoles de formation d'acteurs et dans les grandes compagnies théâtrales à cette époque. Pour le meilleur et, sous certains aspects, pour le pire, cette offensive s'est avérée très efficace et elle a réussi à définir un nouveau cadre relationnel à l'intérieur duquel ce qui, dans le théâtre au Québec par rapport au Théâtre de France, était jusque-là considéré comme de l'ordre du Même, c'est-à-dire comme un prolongement naturel de celui-ci dans celui-là et ne pouvant présenter que des différences somme toute négligeables, était maintenant désigné comme « étranger » et, par conséquent, menaçant pour l'intégrité culturelle du Québec... français. Cette opération de séparation à l'intérieur, notons-le, d'un espace culturel francophone parvient donc à fabriquer de la différence en se coupant du tronc commun inaliénable de textes dramatiques et de traditions scéniques que j'ai voulu circonscrire par l'expression Théâtre de France.

Ce qu'il m'importe de souligner à ce point de mon propos, c'est la place foncièrement malléable qu'occupe la représentation de l'Autre dans tout processus identitaire, avec ce que cela peut entraîner comme manipulations. À cet égard, il est nécessaire de rappeler qu'il n'est pas possible de confondre l'Autre en tant que tel avec les représentations que s'en fait une collectivité donnée. Le Théâtre de France avec lequel le « nouveau théâtre québécois » a voulu rompre, s'est ainsi vu affubler par de nombreux auteurs et metteurs en scène québécois du rôle peu enviable du colonisateur qui aurait inhibé depuis toujours la créativité dramatique et scénique au Québec.

Ce faisant, le théâtre québécois naissant s'est tout de suite rêvé en tant que pratique autarcique, en feignant de ne pas avoir contracté de dettes culturelles envers quiconque, d'être à lui-même son propre modèle, au mépris notable de son Autre qu'il venait pourtant d'extirper du Même. Cette position n'était évidemment pas tenable et elle a fait long feu, quoique beaucoup de praticiens québécois baignent encore dans une soupe identitaire qui leur fait aimer beaucoup de niaiseries « bien de chez nous » et repousser indifféremment tout ce qui vient d'ailleurs.

Je veux pour preuve supplémentaire de cette mentalité d'assiégés la propension d'une large partie de notre milieu théâtral à tenir la critique responsable de l'état de dépendance et de subordination du théâtre québécois de création à la valeur d'universalité. Il me faut avoir de nouveau recours à Germain – notons qu'à cet égard il fait figure de champion de l'orthodoxie « pure laine », ce qui n'en fait pas pour autant l'unique représentant –, pour examiner ce qu'il reproche cette fois à la critique dramatique au Québec :

> *Ils* [les critiques] *ont choisi de brûler pour la cause supranationale du théâtre universel. Peu importe qu'ils soient honnis et parfois méprisés puisqu'en se regardant dans un miroir qui ne reflète plus la québécitude mais la théâtritude, chacun peut se dire dans son for intérieur : Le Théâtre, c'est moi !* [...] *Pendant leurs vacances ou leurs années sabbatiques, les critiques québécois rêvent doucement du jour où la critique dramatique sera enfin libre et autonome. C'est leur façon à eux d'être indépendantistes. À contre-courant évidemment, puisqu'ils s'obstinent à vouloir agrandir l'ici par l'ailleurs et à élargir l'horizon par l'extérieur, sans comprendre que c'est précisément l'inverse de la démarche créatrice qui cherche à agrandir l'ici par l'ici, l'intérieur par l'intérieur, en faisant justement de l'ici un ailleurs* (1986 : 87).

« Faire de l'ici un ailleurs » : reconnaissons que la formule a le mérite d'être piquante. Pour un peu, on y entendrait la promesse implicite d'une visée critique, justement, qui impliquerait le retournement de la culture d'ici par elle-même, ne comptant plus que sur ses propres moyens. Mais, aussitôt rompu le charme de cette pensée magique, il est difficile de croire qu'on puisse ainsi s'arracher au Même, tel le baron de Münchhausen qui se vantait d'être parvenu à sortir la tête de l'eau en se tirant lui-même par les cheveux... En l'occurrence, on voit mal comment un théâtre national, quel qu'il soit, pourrait être à lui-même sa propre altérité, et serait capable de se passer du concours, diversement déstabilisateur, de ce que Germain s'empresse de stigmatiser en tant qu'« idée abstraite » du théâtre, surtout quand on découvre que notre polémiste assimile celle-ci à tout le patrimoine mondial de l'art dramatique, des Grecs à nos jours. En d'autres mots, le théâtre québécois selon Germain n'aurait de comptes à rendre qu'à lui-même, sans égard à ce que l'histoire de cet art a déposé en son sein, et dans l'ignorance volontaire du pourquoi et du comment de ses pratiques dans le monde, en synchronie.

Cette forclusion – un concept qui, j'en ai bien peur, n'est pas d'origine québécoise – explique sans doute la véritable psychose du théâtre étranger, voire de l'étranger tout court, qui a sévi au Québec durant les années 1970, et qui existe toujours à l'état plus ou moins rampant. On serait tenté d'y voir la tentation permanente qui affecte les collectivités qui n'ont pas résolu leur complexe d'infériorité. La situation se complique au Québec du fait de la condition simultanément majoritaire/minoritaire de la collectivité francophone en terre nord-américaine qui la fait osciller entre le coup de force symbolique (le célèbre « Maîtres chez nous ! » de 1962, par exemple) et les réflexes défensifs. Il y a là un abcès dans lequel s'est accumulé le pus du ressentiment, une attitude idéologique dont Marc Angenot dit qu'elle consiste à « [n']avoir de compte à rendre qu'aux siens » (1992 : 21), dans « un rapport morbide au temps : l'avenir non comme ouverture, émancipation, dépassement, mais comme *épuration des comptes rancuniers que l'on entretient avec le passé* » (p. 18).

C'est ainsi que le Théâtre de France a pu devenir le symbole exemplaire de ce qui était diagnostiqué par plusieurs, dont l'incontournable Germain, en tant que LA maladie du théâtre au Québec, j'ai nommé l'« ailleurisme ». Traduisons – la connotation religieuse n'est pas fortuite – : hors du Québec, point de salut ! Nous reconnaissons ici la marque d'un sectarisme, qu'atténue peut-être, sans l'excuser, la prise en compte de ce que l'histoire du peuple québécois en terre d'Amérique a eu d'éprouvant, en lui infligeant des blessures encore mal cicatrisées au moment où tente de se mettre ainsi en place une doxa identitaire au Québec : celle des « petites patries ». En effet, note Claude Sahel, dans sa préface à un ouvrage collectif remarquable consacré à la question de *La tolérance* :

> [...] *l'aspiration d'une communauté déterminée à être reconnue dans sa différence procède, le plus souvent, d'une oppression subie dans le passé ou au présent ; la menace du groupe dominant est vécue par le groupe dominé comme tentative d'assimilation, c'est-à-dire de destruction de sa particularité : de là la revendication du droit à la différence* [...] *Mais le refus de l'assimilation aux normes de la société dominante* [...] *exige une homogénéité interne qui produit, vis-à-vis des autres groupes, l'attitude typique de repli sur soi et d'autoproclamation. On mesurera à cette dialectique les expressions d'un fanatisme plus ou moins explicite : rejet de l'autre extérieur, terrorisme envers l'autre intérieur* (1991 : 15).

Je laisserai de côté, même s'il vaudrait la peine de l'étudier à son mérite, cette question : comment se fait-il que le refus de la domination anglo-saxonne, dont les effets politiques, économiques et culturels peuvent être attestés, a pu conduire des Québécois à rejeter également le patrimoine culturel de la France, notamment son théâtre, en le frappant d'avance du stigmate d'une expérience nulle et non avenue ? Pour être tout à fait précis, ajoutons qu'en ce qui concerne le théâtre, il n'y a pas eu que le Théâtre de France à être ainsi exclu de l'horizon québécois. On serait tenté, en tout cas, d'y voir à l'œuvre une crise du mimétique – le dominé surenchérissant sur le dominant pour s'autolégitimer –, dans la perspective d'un René Girard.

Quoi qu'il en soit, la crispation identitaire qui a marqué les années 1970 au Québec, avec sa série d'attitudes vexatoires à l'égard des Français émigrés au Québec de fraîche date, n'a pas empêché des Québécois d'aller à la rencontre de l'Autre. Plusieurs créateurs reconnus du théâtre québécois actuel ont, durant cette même période, séjourné à l'étranger et ils y ont acquis des techniques et des savoirs auprès de différents maîtres : je pense à Jean Asselin qui a étudié chez Decroux, à Gilles Maheu qui s'est formé au contact de Barba au Danemark, à Gabriel Arcand qui a fréquenté les studios de Grotowski, à René-Daniel Dubois qui s'est frotté durant un an aux exercices de créativité de Knapp à Paris.

Se préparait ainsi, en marge de la zone de turbulences identitaires, une dilatation du courant qui proclamait sans détour : « Nous faisons le meilleur théâtre québécois au monde », en laissant clairement entendre par là que la pratique théâtrale au Québec se devait d'être uniformément « nationale et populaire », comme l'avait déjà annoncé Gélinas dès 1948. Si le danger d'un théâtre autosatisfait d'être exclusivement tourné vers les problèmes domestiques du Québec est aujourd'hui écarté, nous le devons à des appels d'air qui se produisent au tournant des années 1980. Autant le théâtre de création des années 1970 a pu avoir un caractère centripète, autant celui des années 1980 a eu une dimension centrifuge, permettant le décentrement d'un imaginaire dramatique dont personne n'aurait d'ailleurs songé à contester l'importance et la nécessité – qu'il suffise de mentionner ici la dramaturgie de Michel Tremblay –, mais qui était pourtant menacé par la facilité et les complaisances, en particulier sur le plan langagier, pour ne rien dire de la théâtralité. (Entre parenthèses, c'est le domaine envahissant de l'humour qui, me semble-t-il, a pris le relais de la tendance la plus infantilisante et réductrice de la dramaturgie québécoise des années 1970.)

Le fait que des créateurs québécois réinjectent, si je puis dire, de l'Autre dans le théâtre au Québec a favorisé tout au long des années 1980 l'exploration d'autres chemins et, partant, cela a permis de valider l'importance cruciale du pluralisme des démarches artistiques dans un contexte d'inquiétudes socioculturelles croissantes, propres à une société postmoderne. En fait, l'émergence d'une théâtralité autre, souvent multidisciplinaire d'ailleurs, s'est manifestée chez des groupes qui ne se donnaient plus comme premier critère d'authenticité l'adhésion à une vision ethnicisante et québécocentriste de l'acte théâtral : Carbone 14, le Groupe de la Veillée, Les Deux Mondes (ex-Théâtre de la Marmaille), le Théâtre Repère et le Théâtre UBU, pour n'en nommer que quelques-uns. Cependant, il ne serait venu à l'idée de personne d'affirmer que ces compagnies ou les individus qui les animaient aient été, pour autant, moins québécois que d'autres.

Ainsi, aussitôt posée l'identité québécoise – qui sonnait la charge contre les valeurs traditionnelles du Canada français[2] –, le mouvement d'affirmation identitaire n'a pu se contenter de carburer indéfiniment au refus et à la dénégation. À la suite d'une période d'exorcisme collectif, certes intense mais assez courte en fin de compte, qui avait vu le théâtre railler et pourfendre la situation d'enfermement et de repli sur soi, caractéristiques du mode d'être atavique des Canadiens français, une fois « entre nous » en quelque sorte, ce qui avait d'abord été rejeté, voire ostracisé, comme Autre s'est donc remis à hanter l'horizon scénique. Le nouveau théâtre de désaliénation collective s'était fait contre les *Canadians* et contre les « maudits Franças » et, en 1980, au lendemain d'un référendum, il s'est réveillé encore au Canada et en face d'une zone sinistrée de la francophonie...

Il se passe alors un phénomène de réhabilitation du répertoire mondial, y compris les pièces du patrimoine français[3]. Plus encore, la manière de lire le théâtre ou de le relire enregistre rapidement des modifications notables, ce qui a pour résultat un approfondissement certain de la représentation par les metteurs en scène, avancée à laquelle il faut tout de suite associer les réalisations frappantes des scénographes, confirmant l'importance grandissante conférée aux langages de la scène, c'est-à-dire à l'écriture scénique.

---

2. L'Église et son clergé, la famille et son « père manquant » ont été les deux institutions les plus attaquées dans la dramaturgie des années 1960 et 1970.

3. Par exemple, une jeune compagnie, le Théâtre de l'Opsis, est fondée en 1984 dans le but de travailler exclusivement des pièces du grand répertoire ou des pièces contemporaines étrangères – ce qui contraste avec l'attitude des compagnies fondées au cours de la décennie précédente, qui s'étaient franchement tournées vers la création.

Dès lors, le Théâtre de France et le français hexagonal lui-même cessent d'être tabous, sans redevenir pour autant des modèles à suivre servilement. De sorte que le Théâtre de France est devenu au Québec un quasi-Autre, de l'ordre d'un *Unheimliche,* en d'autres mots de « ce qui n'appartient pas à la maison et pourtant y demeure », suivant la célèbre analyse freudienne[4]. C'est dire le caractère forcément étrange, vecteur d'angoisse identitaire, de la relation québécoise à ce qu'on peut considérer comme le noyau dur du théâtre, le texte, indissociable du « bruissement de la langue » (Barthes). Car le texte au théâtre n'est jamais qu'une *partition langagière* à interpréter, avec ses registres, ses sonorités, ses rythmes, ses réseaux sémantiques, rhétoriques et pragmatiques. Et il se trouve qu'une pratique théâtrale vivante ne peut, sans mutiler gravement sa *phonè* (Derrida), effacer tout un pan de son patrimoine langagier et ignorer le répertoire dramatique qui s'y rattache, pour ne privilégier qu'*un* usage strictement localisé, historiquement et géographiquement. Il serait, par conséquent, aussi aberrant de réclamer du théâtre produit au Québec – y compris dans les textes de création – qu'il ait pour seul étalon l'alexandrin racinien que de l'entendre ne s'exprimer qu'en joual ou même qu'en français québécois.

Au cours des quinze dernières années, auteurs comme praticiens québécois sont retournés à l'école de la langue théâtrale, dans toute son hétérogénéité constitutive[5], sans retomber dans l'obsession d'antan pour une pureté fantasmatique, et sans croire non plus qu'*une* expression langagière excluait automatiquement les autres. Des œuvres de Yukio Mishima, de Thomas Bernhard et d'Heiner Müller ont pu être jouées dans leur traduction française, sans qu'on y trouve à redire. Le dramaturge américain David Mamet, dont les personnages sont souvent quasi dyslexiques, a trouvé un traducteur (Pierre Legris) et des comédiens capables d'en donner une équivalence en québécois très convaincante. Dans le même intervalle, les gens de théâtre ont reconnu que toute une épaisseur de l'expression langagière à la scène, qui provient en particulier des tensions entre l'oralité et l'écriture, avait été occultée, au point que plusieurs comédiens jouaient tous leurs rôles, québécois ou non, avec une diction molle, comme s'ils avaient « perdu » le souci de la précision, et oublié que la façon même de proférer un texte participait aussi de la théâtralité.

---

4. Voir « L'inquiétante étrangeté » [traduction établie mais discutable d'*Unheimliche,* c'est-à-dire littéralement « l'étrange familier »] (Freud, 1985 : 209-263).

5. Par exemple, plusieurs pièces de Dubois tirent leur force de l'hétérogénéité langagière, empruntant à de multiples registres et à divers sociolectes.

Malgré les effets bénéfiques d'une telle prise de conscience[6], le Théâtre de France a néanmoins continué d'occuper dans les esprits, sauf exception, la place d'une tradition intellectualisante, souvent suspectée, vue de ce côté-ci de l'Atlantique, de se complaire dans les « jeux de langage » et dans les discours inutilement savants sur les œuvres. C'est justement en cela que réside maintenant l'essentiel de la résistance au Théâtre de France chez la majorité des praticiens québécois du théâtre. Pour un peu, je me risquerais à en parler comme de la tache aveugle du théâtre actuel au Québec. Car il y a là un spectre qui hante la bonne conscience des uns et des autres, tant chez les critiques vite conquis par la générosité indéniable des praticiens que chez les gens de théâtre vite satisfaits de leurs succès auprès du public : la scène en tant qu'espace de pensée. Plus souvent qu'autrement, je regrette d'avoir à le dire, la pratique théâtrale au Québec loge au rayon des idées toutes faites et des simplifications confondantes. Trop penser, laisse-t-on facilement entendre dans le « milieu » théâtral, ce serait condamner l'acteur à tuer l'émotion, le public à s'ennuyer et le théâtre lui-même à se prendre... pour un autre.

Mais, quand on prend la peine de penser, cela est bien connu, on pense toujours *trop*. Et, si la fonction assignée à l'Autre dans le théâtre québécois est de prémunir ce dernier contre un excès de pensée, alors cela explique peut-être que tant de productions du cru se contentent d'étaler des savoir-faire, de reporter à plus tard le moment où il s'agirait de proposer une vision, de risquer du sens (et du non-sens) et d'assumer une fois pour toutes les exigences d'une langue qui n'est ni la nôtre ni la leur, mais qui appartient, qu'on le veuille ou non, à l'imaginaire de la francophonie.

« Il n'est d'intelligence que de l'autre », rappelle Baudrillard, dans un récent ouvrage écrit en collaboration consacré aux *Figures de l'altérité* (1994 : 112), et, plus loin, il note ceci : « C'est tout un problème de savoir s'il est encore possible de voyager dans sa propre culture comme dans un milieu d'une étrangeté insolite » (p. 97). Je ne voudrais pas me gratifier par avance du mérite d'avoir manifesté un tel détachement à l'égard du théâtre québécois... Mais j'espère qu'en m'aventurant sur le terrain des mentalités artistiques actuelles, j'ai du moins laissé entrevoir en quoi la question de l'altérité, aussi bien proche (comme c'est, à mon sens, le cas avec la France) que lointaine, est là pour rester au Québec, et

6. Les spectacles du Théâtre UBU, sous la direction de Denis Marleau, auront eu, à cet égard, un effet décapant en ce qui concerne l'« écoute » du texte.

qu'il s'agit en quelque sorte du mode normal de la pratique moderne, sinon postmoderne, du théâtre. Autrement dit, le théâtre (post)moderne se nourrit sans cesse de ses multiples rapports à l'Autre. En ce sens, le Théâtre de France, tel que j'ai essayé d'en pointer ici la présence spectrale, n'est sans doute pas le seul Autre à hanter à des degrés divers la pratique théâtrale québécoise[7]. Sans doute n'en est-il que le plus inattendu. Il n'en demeure pas moins que cet Autre de France colle à la culture québécoise comme une seconde peau (qui, peut-être, agit sur celle-ci en tant que mauvaise conscience).

Comme en réponse aux positions fondées sur le ressentiment, Alain Touraine, dans sa récente *Critique de la modernité,* estime qu'il est de la plus grande importance de défaire le nœud qui oppose absolument l'universel au particulier dans les relations interculturelles : « Ne doivent triompher ni les prétentions au monopole de l'universalité, ni les revendications d'une spécificité absolue, d'une insurmontable différence avec tous les autres » (1992 : 349). Car, à force de s'être rêvé totalement différent du Théâtre de France, le théâtre québécois s'est d'abord replié sur une identité illusoire, parce que réductrice et revancharde. En assumant ses origines, qui ne sont pas que françaises dans la mesure où il est toujours possible en art d'être au croisement de multiples généalogies librement choisies, le Théâtre du Québec semble aujourd'hui être en passe de reconnaître la nécessité de dialoguer ouvertement avec le *theatrum mundi.* Sans interdits et sans complexe.

---

7. On peut penser à cette « Allemagne québécoise » qui a intéressé bien des commentateurs, notamment Diane Pavlovic, dans « Cartographie : l'Allemagne québécoise » (1987).

BIBLIOGRAPHIE

ANGENOT, Marc (1992), « Les idéologies du ressentiment », *Discours social/ Social Discourse,* vol. 4, nº 3-4 (été-automne), p. 7-35.

BAUDRILLARD, Jean, et Marc GUILLAUME (1994), *Figures de l'altérité,* Paris, Descartes & Cie.

BOUTHILLETTE, Jean (1972), *Le Canadien français et son double,* Montréal, L'Hexagone.

BRISSET, Annie (1990), *Sociocritique de la traduction. Théâtre et altérité au Québec (1968-1988),* Longueuil, Le Préambule. (Coll. « L'Univers des discours ».)

DERRIDA, Jacques (1967), *L'écriture et la différence,* Paris, Éditions du Seuil. (Coll. « Tel Quel ».)

FREUD, Sigmund (1985), *L'inquiétante étrangeté et autres essais,* trad. de l'allemand par Bertrand Fréron, Paris, Gallimard. (Coll. « Folio ».)

GÉLINAS, Gratien (1949), « Pour un théâtre national et populaire », *Amérique française,* nº 3, p. 32-42.

GERMAIN, Jean-Claude ([1970] 1977), « C'est pas Mozart, c'est le Shakespeare québécois qu'on assassine », *Cahiers de théâtre Jeu,* nº 7, p. 10-20.

GERMAIN, Jean-Claude (1986), « L'agent double », *Cahiers de théâtre Jeu,* « La critique théâtrale dans tous ses états », nº 40, p. 81-88.

GIRARD, René (1978), *Des choses cachées depuis la fondation du monde,* Paris, Le Livre de Poche. (Coll. « Biblio essais ».)

PAVIS, Patrice (1990), *Le théâtre au croisement des cultures,* Paris, José Corti.

PAVLOVIC, Diane (1987), « Cartographie : l'Allemagne québécoise », *Cahiers de théâtre Jeu,* nº 43, p. 77-107.

SAHEL, Claude (1991), « Préface », dans Claude SAHEL (dir.), *La tolérance. Pour un humanisme hérétique,* Paris, Autrement, p. 12-17. (Série « Morales ».)

TODOROV, Tzvetan (1982), *La conquête de l'Amérique. La question de l'autre,* Paris, Éditions du Seuil.

TOURAINE, Alain (1992), *Critique de la modernité,* Paris, Fayard.

LA LANGUE DU THÉÂTRE, LIEU D'UNE INTERDISCIPLINARITÉ CONFLICTUELLE

Lucie Robert
Université du Québec à Montréal/CRELIQ

Le 2 novembre 1993, le quotidien *Le Devoir* publiait, dans le courrier des lecteurs et sous le titre « L'accent français au théâtre », une courte lettre :

> *J'avais vu au TNM* Oncle Vania, *montée par Brassard dans une traduction de Tremblay mais jouée avec la diction française. J'ai vu il y a trois ans encore* Oncle Vania *de Tchekhov montée par Louis Fortier, dans une traduction de René Gingras mais jouée encore avec la diction française. Je viens de voir ces jours-ci, encore du Tchekhov, comme une belle fête dont on verrait l'envers et l'endroit, sous le titre de* Comédie russe, *un texte de Pierre-Yves Lemieux monté par Serge Denoncourt mais joué avec la diction française.*
> *Y a-t-il une diction québécoise ?* (Doré, 1993).

Trois semaines plus tard, soit le 20 et le 21 novembre, paraissaient deux autres lettres, en réponse à la précédente. La première, titrée « L'accent québécois au théâtre », rappelle que « c'est la France qui fixe la norme du français ». Le correspondant ajoute que :

> *Le français tout court, reconnu comme tel dans le monde entier, c'est le français d'Europe* [...] *il faut bien que les acteurs disent leur rôle en français pour se faire comprendre. Mais, si les personnages adoptent l'accent picard, marseillais, martiniquais ou québécois, il naît de là un contresens : ces dictions sont marquées géographiquement, et l'action déménage bizarrement dans une région déterminée de la francophonie* (Joly, 1993).

Il termine en précisant que « le problème n'existerait pas si nous parlions algonquin ». L'algonquin n'est pas marqué géographiquement sans doute, et le choix de la langue ainsi métaphorisée rappelle à la mémoire certain discours québécois du XIXe siècle où Pierre-Joseph-Olivier Chauveau et Octave Crémazie posaient de la même manière l'impossibilité d'une littérature nationale. Les langues amérindiennes, la langue iroquoise pour Chauveau, la langue huronne pour Crémazie et, ici, la langue algonquienne, deviennent dès lors les métaphores de l'institution, ce qui n'est pas sans créer certains paradoxes sur lesquels il faudrait un jour revenir. Ce n'est pas mon propos.

La seconde réponse, qui paraît le lendemain, soit le 21 novembre, est intitulée de façon parodique « Ête ou bedon pas ête ? ». D'un ton ferme, sinon intempestif, le correspondant affirme d'emblée qu'« il n'y a qu'une seule façon de prononcer "Être ou ne pas être" ». Il écrit : « Imaginez un comédien traduire ainsi cette phrase célèbre : Ête ou bedon pas ête ! Ce serait vider la phrase de tout son contenu tragique. » Et il ajoute : « Notre langue française est menacée comme jamais en Amérique et pour cette raison, je crois que nous n'avons même pas la liberté de tergiverser à son sujet. Nous n'avons d'autre choix que de la bien parler ou de l'abâtardir [...] » (Perrier, 1993).

Il y avait quelque temps que la question de la langue du théâtre n'avait été soulevée de cette manière, c'est-à-dire devant l'opinion publique ou, devrais-je dire en considérant le lectorat du journal choisi, devant l'opinion du public. Voilà plus de vingt-cinq ans que les journaux débordent néanmoins d'articles sur l'état de la langue au Québec, ce qu'elle est, ce qu'elle n'est pas, ce qu'elle devrait être. Plusieurs de ces articles ont porté sur le théâtre, et je n'ai sans doute pas à rappeler l'ampleur qu'a pris le débat sur le joual dans les années qui ont suivi la création des *Belles-Sœurs* de Michel Tremblay en 1968. Pourquoi alors s'arrêter à ce débat-ci, en réalité bien mince en regard des précédents, puisqu'il ne compte que trois lettres, alors qu'à la même époque paraissait dans *La Presse,* le journal concurrent, un autre important débat sur la norme linguistique où sont intervenus la plupart des ténors du Conseil de la langue française et plusieurs linguistes de renom ?

Revenons à la question. Telle que formulée dans la première lettre, la question est la suivante : la diction québécoise peut-elle servir à dire le théâtre traduit en français ? Elle en présuppose une autre : existe-t-il une diction québécoise ? Les deux autres correspondants partagent une joyeuse unanimité quant à la réponse, qu'on pourrait formuler dans la proposition lapidaire suivante : « Le joual, pas question ! » Entre la question et la réponse qu'elle obtient, il me semble noter un déplacement de sens. En effet, la question de départ concerne très précisément le jeu des comédiens devant un texte en traduction alors que les deux réponses publiées refusent l'écriture dramaturgique d'une langue fictive, marquée géographiquement, ce qui était par exemple le cas du joual, et les deux signataires reprennent à ce propos des arguments déjà entendus dans les débats plus anciens. C'est ce déplacement et le dialogue de sourds qu'il entraîne qui m'intéressent en tant qu'ils constituent l'indice d'un déplacement institutionnel plus fondamental, lui-même à la source d'une relation interdisciplinaire conflictuelle.

SOCIOLOGIE DU DÉBAT

Reprenons la discussion sous l'angle des correspondants eux-mêmes, selon les termes d'une analyse qui postule que la position sociologique des intervenants est elle-même riche d'enseignement sur la nature de leurs interventions[1].

La première de ces trois lettres, celle qui lance le débat donc, portait la signature de Marc Doré, figure emblématique du théâtre québécois contemporain. Homme de théâtre, comédien et directeur de troupe, il a fondé en 1970 puis animé jusqu'en 1977 le Théâtre Euh !, troupe installée à Québec et dont le projet visait la création d'un théâtre populaire national au service du prolétariat. Les années de Doré au Théâtre Euh ! sont encadrées de deux périodes d'écriture solo. On lui doit ainsi, en amont, deux romans, *Le billard sur la neige,* publié en 1970, et *Le raton laveur,* paru l'année suivante, tous deux publiés dans la collection « Les romanciers du jour », puis, en aval, deux pièces de théâtre publiées aux Éditions Leméac ; la première, intitulée *Kamikwakushit,* d'après un conte montagnais, est parue en 1978, et la seconde, *Autour de Blanche Pelletier,* en 1984. Doré signe sa lettre à titre de « professeur au Conservatoire d'art dramatique de Québec », poste qu'il occupe en effet depuis 1967. Par la suite, il devient même directeur du Conservatoire, nomination qui marque à la fois la reconnaissance de son travail théâtral et l'institution du projet qui l'avait guidé. J'attire l'attention sur quelques paradoxes intéressants dans cette carrière : Doré est à la fois romancier et dramaturge, comédien et professeur ; il a fondé et animé une des troupes les plus politiquement engagées de l'histoire du théâtre québécois tout en enseignant dans les plus hautes sphères de l'institution, c'est-à-dire au Conservatoire, et c'est de cette dernière institution qu'est venue, à rebours, la reconnaissance première de ce travail.

---

1. Les renseignements biographiques qui suivent sont de sources diverses. On consultera notamment l*e Dictionnaire des auteurs de langue française en Amérique du Nord* (Hamel, Hare et Wyczynski, 1989).

Devant lui, en tant qu'adversaires, on trouve Raymond Joly et Luc Perrier qui interviennent dans ce débat à titre de personnes privées : leur signature n'est accompagnée d'aucune précision de nature professionnelle ou politique. Le lieu d'origine de la lettre est le seul renseignement supplémentaire offert au lectorat du journal : Québec pour Joly, Outremont pour Perrier. De cette manière, le débat ne s'affiche pas comme une querelle d'école ; il n'a pas d'incidence politique de nature partisane. Il se présente comme la réaction de deux amateurs de théâtre (à la fois au sens de « qui aime » et de « qui n'est pas professionnel ») à la proposition formulée par un homme de métier. Ce qui ne l'empêche pas toutefois d'avoir des résonances plus vastes, tant pour les spécialistes qui sont en mesure d'identifier des signatures pas tout à fait inconnues, que pour les habitués du *Devoir* qui ont déjà pris connaissance de la prose épistolaire de Perrier, lequel intervient parfois à divers titres, notamment à celui de membre du Parti québécois. Au cours de l'été 1993, donc quelques mois avant sa lettre sur la langue, il signait plusieurs autres lettres sur le naturisme, un sujet qui le mettait alors aux prises avec un autre homme de théâtre, Michel Vaïs[2].

Joly est professeur au département des Littératures de l'Université Laval où il enseigne la littérature française. Il est ce qu'on appelle dans le métier un dix-huitiémiste depuis une thèse rédigée et publiée en 1969 sur la préhistoire du réalisme à partir des œuvres de Diderot et Rétif de la Bretonne, mais il consacre une partie de son enseignement universitaire au genre dramatique. Perrier est poète et... comptable. Il a collaboré à plusieurs revues, notamment à *Liberté* de 1963 à 1972, et il a publié deux recueils de poèmes aux Éditions de l'Hexagone, *Des jours et des jours* en 1954 et, près de dix ans plus tard, en 1963, *Du temps que j'aime*.

Après ces deux correspondants, personne n'a relevé le gant. Aucun professeur de littérature québécoise n'est intervenu dans le débat. Aucune femme de théâtre, aucun homme de théâtre, n'ont répondu à Doré. Ce débat concerne deux professeurs inscrits dans un cycle d'enseignement supérieur et un comptable, deux écrivains et un critique, deux résidents de la région de Québec et un de la région de Montréal (bien que Perrier soit né à l'Île d'Orléans) selon diverses combinaisons possibles. Tous les trois sont de la même génération, nés pendant la crise ou l'avant-guerre ; Doré est le plus jeune de quelques années. Sur le plan de l'écriture, on notera que Joly pratique une critique d'érudition, que Perrier a pratiqué la poésie et que Doré est passé du roman à la dramaturgie. Ces deux der-

---

2. Merci à Michel Vaïs de m'avoir rappelé ce débat.

niers écrivains ont appartenu chacun à une « écurie » éditoriale qui a fait école dans l'histoire littéraire du Québec. Aucun des deux, des trois même, n'a publié de texte écrit en joual. On note ainsi qu'à travers les années Joly et Perrier sont restés inscrits dans le champ littéraire, le premier en tant que professeur de littérature, le second en tant que poète, mais aucun n'a publié de livre après 1969. Au contraire, Doré s'en éloigne, ayant délaissé l'écriture romanesque dès 1971 et ayant même renoncé à publier des pièces de théâtre depuis 1984.

L'ENJEU DU DÉBAT

Reformulons maintenant l'enjeu du débat, dont on sait pour l'instant qu'il concerne les rapports entre le théâtre et la littérature à propos des œuvres du répertoire en traduction. À la différence de la littérature, le théâtre représente une langue en action. Il met en scène des personnages qui parlent. Que ce soit à d'autres personnages ou au public n'a ici que peu d'importance. Le simple fait de parler est ce qui compte en premier lieu et, en ce sens, la dramaturgie est d'abord un acte de parole. De plus, l'action dramatique est souvent un combat pour la maîtrise de la parole : dire, se faire entendre, interpréter sont l'objet premier de la quête des personnages. Toutefois, à la différence de ces autres lieux de représentation que sont le parlement et le tribunal, qui opèrent autrement selon les mêmes principes, le théâtre est aussi une pratique artistique, c'est-à-dire qu'il propose une version individualisée et problématisée des questions de langue. Ainsi, le théâtre *représente* la langue ; il en donne une image *publique* ; il l'*affiche*. L'on sait aussi le rôle fondamental que le théâtre a joué dans la légitimation de la langue française et de ses usages particuliers au Québec, en inscrivant l'acte de dire au cœur d'un combat politique à caractère national. C'est la dramaturgie, c'est-à-dire l'écriture, qui a contraint le théâtre à afficher sa dimension nationale, puisqu'elle s'écrit nécessairement dans *une* langue concrète, nationalement déterminée ; puisqu'elle affiche la *parole,* c'est-à-dire aussi la voix, l'accent et la variation linguistique.

Malgré tout ce qui a été écrit sur le joual, il est faux de dire que la parole théâtrale reproduit la vie quotidienne. Elle ne reproduit rien du tout ; elle imite tout au plus. En effet, pour que le dialogue de théâtre soit compréhensible, les marques de la langue quotidienne doivent être éliminées : bredouillements, phrases inachevées, tâtonnements, lapsus, reformulations, compréhension ratée ou à retardement, ce que Jean-Pierre Ryngaert nomme, en empruntant les catégories de Jakobson, les « éléments à pure fonction phatique » (Ryngaert, 1991 : 96). Le dialogue de théâtre ne reproduit donc rien du tout. Il crée. Il crée des langages fictifs et des sociétés fictives ou collectifs linguistiques fictifs. Deux possibilités s'offrent ainsi au dramaturge : neutraliser les différences linguistiques ou, au contraire, les marquer, c'est-à-dire les rendre apparentes.

La neutralisation des différences opère par l'élimination de tous les marqueurs de différence, de sorte que les personnages parlent ou utilisent le même langage. Or, la différence linguistique n'existe pour ainsi dire que dans l'oralité. Aussi la neutralisation passe-t-elle par un langage plus écrit, plus littéraire et, par conséquent, plus savant. La plus grande partie du répertoire théâtral opère cette neutralisation de la variation linguistique comme d'ailleurs le répertoire en traduction qui évite ainsi la difficulté de trouver une langue d'arrivée aussi marquée que la langue de départ. Tout au plus trouvera-t-on, dans le répertoire classique, certains idiolectes, c'est-à-dire l'ensemble des particularités linguistiques qui, le rappelle Anne Ubersfeld, « donnent au personnage un statut d'étranger ; ainsi les personnages populaires, montrés comme ceux qui ne savent pas se servir de la langue des maîtres » (1978 : 273). Dans ce cas, ajoute-t-elle, « la différence linguistique n'est jamais considérée [...] comme une différence spécifique, mais comme la désignation de celui qui est hors du groupe, en position d'infériorité » (p. 273). Tels sont les paysans de Molière ou de Louis Fréchette, caractéristiques du théâtre classique, dans la création d'effets comiques de nature linguistique, mais limités aux personnages secondaires (Molière [1665] 1965 ; Fréchette [1871] 1974, notamment).

La deuxième tendance au contraire construit l'ensemble du dialogue sur la variation linguistique et elle utilise abondamment les marqueurs d'oralité. Ce qui distingue l'utilisation de formes sociolectales ou dialectales de celles qui précèdent, c'est-à-dire des formes idiolectales, est précisément le caractère social des marqueurs. Ainsi, rappelle Ubersfeld, « tout personnage de théâtre est considéré comme parlant d'abord le langage de la couche sociale à laquelle il appartient. [... c'est-à-dire] un langage imaginaire que le scripteur prête à la couche sociale à laquelle appartient son personnage » (1978 : 274). C'est ce qu'on appelle un sociolecte et l'usage d'un tel langage caractérise par exemple le personnage féminin du *Pygmalion* de George Bernard Shaw. Sur un autre plan, un plan géographique cette fois, les formes dialectales agissent de manière semblable pour marquer une spécificité régionale. Bien que peu nombreuses, les formes dialectales caractérisent par exemple la dramaturgie de Marcel Pagnol.

Ainsi, plutôt que d'exclure un personnage du collectif et de créer des effets comiques, le sociolecte et le dialecte inscrivent le personnage dans une communauté que désigne l'effet de langage. De cette manière, la parole conserve une fonction de représentation, c'est-à-dire qu'elle est un des lieux premiers du réalisme. À la manière du costume, elle illustre le personnage, elle agit de manière descriptive et, comme l'a démontré Javier García Méndez à propos de la dimension hylique du roman, elle peut même remplacer la description.

Toutefois, les formes idiolectales, sociolectales et dialectales ont en commun de représenter des formations discursives dominées. L'élite vit en effet dans une vision cosmopolite et unifiée du monde qui donne le même langage à toutes les bourgeoisies théâtrales, quel que soit leur ancrage national ou géographique. Aussi, la gestion de l'oralité et l'inscription de la variation linguistique ont-elles le plus souvent une fonction idéologique et politique précise et elles mettent en scène du même coup des conflits sociaux ou des conflits nationaux. Rarement cependant y atteint-on la violence du joual, forme à la fois sociolectale et dialectale, qui soulève au Québec et depuis plus de vingt-cinq ans une discussion incessante.

LA SITUATION LINGUISTIQUE

Si le premier enjeu du débat concerne la gestion de la variation linguistique et de l'oralisation, le second enjeu concerne la situation linguistique, c'est-à-dire la mise en place des conditions de l'énonciation. Pierre Bourdieu a bien démontré l'importance de l'échange dans la situation linguistique, et on oublie en effet trop souvent que le langage est d'abord et avant tout une relation entre des personnes. L'idée même d'un tel échange nous entraîne ainsi à réfléchir au statut des interlocuteurs et à la nature de leur relation, qui s'inscrit dans un rapport social, dont les termes ne sont généralement pas symétriques et dont les rapports sont réglés par des normes, qu'on désigne sous les divers ensembles que sont la bienséance, l'autorité, l'étiquette, les bonnes manières, etc. Sur le plan le plus élémentaire, la mise en place d'une situation linguistique de cette nature correspond à la création d'une fiction.

Le cas de *Pygmalion* est exemplaire en ce que l'anecdote de la pièce est précisément la mise en scène de l'institution linguistique. L'action concerne une guerre des langues, où un professeur tente de « convertir » à des usages classiques une jeune ouvrière au parler cockney et tente, du même coup, de lui enseigner les « bonnes manières ». Dans le texte de Shaw, la relation entre l'homme et la femme est évidemment un échange amoureux qui agit plus comme la métaphore de l'échange linguistique. Dans cette pièce, le traitement de l'échange reste conventionnel, puisque le personnage féminin concède le terrain linguistique pour accepter le mariage. Dans un texte comme *La déposition,* pièce écrite par la journaliste féministe Hélène Pedneault, jouée à l'Espace Go il y a quelques années et publiée en 1988, la relation linguistique opère sur une base plus égalitaire, dans la recherche de nouvelles modalités d'échange entre les hommes et les femmes.

La double énonciation du théâtre engendre une double situation linguistique. Aux échanges fictionnels, dont il vient d'être question, s'ajoute une relation d'échange, appelons-le provisoirement « communicationnel », entre le scripteur et son public, entre l'énonciateur et l'énonciataire. Une telle relation suppose l'existence d'un code commun qui rend possible la communication. La connaissance des règles de l'échange linguistique est l'élément premier de ce code commun. On pourrait discuter longuement de l'ensemble de ces règles, mais seule m'intéresse ici la difficulté que soulève à ce propos le cas particulier de la traduction théâtrale.

Dans son ouvrage sur la *Sociocritique de la traduction,* Annie Brisset a longuement étudié cette question, et je ne reprendrai pas ses analyses. Je rappellerai simplement que la traduction théâtrale n'opère pas seulement sur le plan de l'énoncé. Il faut en effet traduire les conditions d'énonciation en même temps que l'énoncé lui-même pour le rendre intelligible. Aussi la traduction ne peut-elle pas être ramenée à une simple opération de nature technique qui transposerait un système de signes dans un autre système de signes. Traduire en français le *Pygmalion* de Shaw suppose ainsi que soient recréées les conditions de la guerre des langues et de l'échange linguistique et, dans le cas présent, il faut trouver pour le cockney une langue d'arrivée. Cette langue d'arrivée sera nécessairement marquée géographiquement et socialement. Par nature, elle appartient au régime de la variation linguistique et ne connaît pas d'équivalent écrit. Plus qu'un transfert de codes, le traducteur opère ainsi l'institution d'un sociolecte comme langue légitime de traduction. Aussi, plus encore que la création des *Belles-Sœurs* de Tremblay, on considère généralement la traduction par Éloi de Grandmont du *Pygmalion* de Shaw, produite en 1968 par le Théâtre du Nouveau Monde, comme l'acte de naissance du joual littéraire.

L'ÉCRITURE DRAMATURGIQUE

Toutes ces considérations n'ont de sens toutefois que du point de vue de l'écriture, c'est-à-dire de la textualisation des formes orales ou immédiatement sociales que sont la parole et l'échange linguistique. Or, c'est l'oralisation d'un texte écrit qui constitue le troisième enjeu du débat. La langue agit ici comme matériau commun à l'écrivain et à l'acteur. Écrire, pour l'un, c'est dire, pour l'autre.

Par nature, l'écriture recherche la codification et renonce à la variation. On ne peut écrire qu'un texte à la fois et des variations importantes entraînent non pas la variation, mais la multiplication des textes. Écrire, donc, fixe un état de la langue dans le texte. De même, écrire, y compris pour le théâtre, renvoie à une pratique de nature littéraire. L'écriture dramaturgique emprunte ainsi ses références aux pratiques littéraires dominantes et, de plus en plus, elle contribue à fixer les marques de l'oralité dans un code écrit et tend à déborder les frontières traditionnellement établies entre la didascalie et le dialogue. Dans les textes dramatiques, on observe une tendance à la narrativisation et une hybridation continue entre les divers plans du texte dramatique (Robert, 1991). Par exemple, *Les guerriers* de Michel Garneau présentent de longues didascalies en vers, et le texte de *Provincetown Playhouse, juillet 1919, j'avais 19 ans* de Normand Chaurette répète, dans le dialogue, certaines phrases d'abord énoncées en tant que didascalies.

Par tradition, selon une logique qui faisait du texte le point de départ de toute activité, le travail de l'acteur était conçu comme l'interprétation du texte. Le texte était donc premier et l'acteur, qui venait en second, se voulait respectueux des formes et du style. Il est encore de ces textes qui, à la manière du théâtre classique, de Molière à Claudel, règlent la prononciation en imposant un rythme, un souffle, une versification, même une ponctuation fermée. Ce fut d'ailleurs l'une des fonctions de l'écriture jouale que de contraindre le jeu des acteurs et des actrices à un accent, à une prononciation, à une fiction géographiquement et socialement marquée qu'ils et elles n'auraient peut-être pas saisis spontanément, du moins pas de manière homogène. Cette homogénéité est, fondamentalement, ce qui cause problème ici, et on se rappellera que le joual se veut une langue commune à certains sinon à tous les personnages d'une pièce.

De plus en plus cependant, dire, au théâtre, pour un acteur, c'est inscrire la parole dans l'espace. Cela suppose que l'on puisse la trouer, la faire respirer, la faire sonner, la donner à entendre selon un projet propre à la mise en scène. Il est ainsi une tendance moderne dans l'écriture dramaturgique à construire le dialogue sur une parole dont le dire est laissé à l'acteur. On trouve de plus en plus souvent des textes qui refusent d'écrire, de fixer les marques de l'oralité et qui sont publiés sans ponctuation ou sans didascalie dans une langue qui neutralise tous les marqueurs de différence. Citons, pour l'exemple, *Leçon d'anatomie* de Larry Tremblay, publiée sans ponctuation et sans didascalie, donc sans trace du corps de l'acteur.

La question qui reste et à laquelle je ne répondrai pas, puisqu'il s'agit là d'une décision plus fondamentale qui appartient aux praticiens, écrivains autant qu'acteurs, est la suivante : à quelle catégorie appartient la langue de traduction, la langue d'arrivée des textes de Tchekhov ? À une langue neutralisée pour faire place au travail de l'acteur ? Ou à la langue neutralisée par l'effacement des marqueurs sociaux ou régionaux qui caractérise le français littéraire, langue commune de toutes les bourgeoisies fictives ? De la réponse que l'on fera à ces questions dépend la réaction que l'on aura devant la proposition de Doré.

C'est ainsi que le débat qui oppose Doré, Joly et Perrier, se construit sur deux positions fermes concernant le théâtre et la littérature à propos d'un objet unique : la parole. Le point de vue de l'homme de théâtre dégage la parole de sa contrainte écrite et demande une diction, et non un langage, qui conserve ses marques d'oralité en protégeant l'autonomie du travail de l'acteur. C'est l'adjectif « québécois » qui désigne ici la forme de cette oralité et qui présuppose que même le langage de la bourgeoisie fictive est marqué géographiquement. Il renvoie à une communauté politique imaginaire dont l'oralité serait commune par opposition à une étrangeté, donnée comme tout aussi marquée géographiquement : c'est ce que désigne l'expression « diction française ». Doré n'utilise pas l'expression « diction standard », « internationale » ou « neutre ». La position de Doré postule également l'existence d'une diction québécoise homogène et donc d'une norme locale de l'oralité. Le développement des télécommunications a en effet entraîné la normalisation des formes orales savantes, et on notera le rôle joué en ce sens par la télévision d'État. Dès lors, la diction du journal télévisé, qu'on nomme parfois « l'accent Bernard Derome » ou « l'effet Derome » (Belleau, 1984), pourrait constituer le fondement de la diction des comédiens dans l'interprétation de Tchekhov.

Le point de vue littéraire, soutenu par Joly et Perrier, postule que les comédiens disent le texte qui est devant eux et, par conséquent, qu'il y a une corrélation entre la graphie et la diction. Ils lisent ; ils n'entendent pas le texte de théâtre. Ils postulent également que la norme est stable et toujours identique. Les deux opposants se distinguent toutefois sur un point important. Perrier réaffirme la neutralité de la norme alors que Joly lui reconnaît ses propres marqueurs géographiques. Il reprend plutôt l'idée d'un Québec périphérique importateur de norme et qui doit se plier aux traditions, valeurs et pratiques, établies dans le centre métropolitain.

En somme, et je conclurai là-dessus, ce débat oppose un homme de théâtre qui réclame l'institution de la variation linguistique dans la représentation théâtrale, c'est-à-dire sur le plan de l'oralité, alors que ses opposants, qui occupent des positions clairement situées dans le champ littéraire, bien que parfois anciennes, réclament le respect de la norme linguistique, c'est-à-dire de l'écriture.

En ce sens, la langue du théâtre apparaît comme le lieu d'une interdisciplinarité conflictuelle et en voie de dissolution. Interdisciplinarité parce qu'il y a une rencontre entre une pratique théâtrale et une pratique littéraire. Elle est conflictuelle, puisqu'elle désigne maintenant un conflit de juridiction sur un objet commun, la langue du dialogue. Et elle est en voie de dissolution parce que la source du conflit est un mouvement d'institution de la théâtralité, valeur fondatrice d'une pratique centrée sur le jeu de l'acteur et la gestion de l'espace scénique. Là où on attendrait un travail d'hybridation linguistique fondé sur une double appartenance institutionnelle, on observe de plus en plus souvent la coexistence sous le même titre de deux textes dramatiques, le texte joué et le texte publié, qui n'ont plus entre eux qu'un rapport de parenté et qui finissent, tel le *Being at home with Claude* de René-Daniel Dubois ou *L'impromptu d'Outremont* de Tremblay, par constituer des entités autonomes. Liés étroitement autrefois, l'écrire et le dire n'ont plus qu'un rapport d'analogie.

BIBLIOGRAPHIE

BELLEAU, André (1984), « L'effet Derome », dans André BELLEAU, *Y a-t-il un intellectuel dans la salle ? Essais,* Longueuil, Les Éditions Primeur, p. 82-85. (Coll. « L'Échiquier ».)

BOURDIEU, Pierre (1982), *Ce que parler veut dire. L'économie des échanges linguistiques,* Paris, Fayard.

BRISSET, Annie (1990), *Sociocritique de la traduction. Théâtre et altérité au Québec (1968-1988),* Longueuil, Le Préambule. (Coll. « L'Univers des discours ».)

DORÉ, Marc (1970), *Le billard sur la neige. Roman,* Montréal, Les Éditions du Jour. (Coll. « Les romanciers du jour ».)

DORÉ, Marc (1971), *Le raton laveur. Roman,* Montréal, Les Éditions du Jour. (Coll. « Les romanciers du jour ».)

DORÉ, Marc (1978), *Kamikwakushit. Théâtre,* Montréal, Leméac. (Coll. « Théâtre ».)

DORÉ, Marc (1984), *Autour de Blanche Pelletier. Théâtre,* Montréal, Leméac. (Coll. « Théâtre ».)

DORÉ, Marc (1993), « L'accent français au théâtre », *Le Devoir,* 2 novembre, rubrique « Lettres ».

DUBOIS, René-Daniel (1986), *Being at home with Claude,* Montréal, Leméac. (Coll. « Théâtre ».)

FRÉCHETTE, Louis ([1871] 1974), *Félix Poutré. Drame historique en quatre actes,* Montréal, Leméac. (Coll. « Théâtre canadien ».)

GARCÍA MÉNDEZ, Javier (1990), *La dimension hylique du roman,* Longueuil, Le Préambule. (Coll. « L'Univers des discours ».)

GARNEAU, Michel (1989), *Les guerriers. Théâtre,* Montréal, VLB éditeur.

HAMEL, Réginald, John HARE et Paul WYCZYNSKI (1989), *Dictionnaire des auteurs de langue française en Amérique du Nord,* Montréal, Fides.

JOLY, Raymond (1969), *Deux études sur la préhistoire du réalisme. Diderot et Rétif de la Bretonne,* Québec, Les Presses de l'Université Laval.

JOLY, Raymond (1993), « L'accent québécois au théâtre », *Le Devoir,* 20 novembre, rubrique « Lettres ».

MOLIÈRE ([1665] 1965), *Dom Juan,* dans MOLIÈRE, *Œuvres complètes,* Paris, Garnier-Flammarion, t. II, p. 349-408.

PEDNEAULT, Hélène (1988), *La déposition,* Montréal, VLB éditeur.

PERRIER, Luc (1954), *Des jours et des jours,* Montréal, Les Éditions de l'Hexagone. (Coll. « Les Matinaux ».)

PERRIER, Luc (1963), *Du temps que j'aime,* Montréal, Les Éditions de l'Hexagone.

PERRIER, Luc (1993), « Ête ou bedon ne pas ête », *Le Devoir,* 21 novembre, rubrique « Lettres ».

ROBERT, Lucie (1991), « Le statut littéraire de la dramaturgie », dans Louise MILOT et Fernand ROY (dir.), *La littérarité,* Sainte-Foy, Les Presses de l'Université Laval, p. 121-131.

RYNGAERT, Jean-Pierre (1991), *Introduction à l'analyse du théâtre*, Paris, Bordas.

SHAW, George Bernard ([1916] 1972), *Pygmalion. A Romance in Five Acts,* Harmondsworth (England), Penguin Books. (Coll. « Penguin Plays ».)

TREMBLAY, Larry (1992), *Leçon d'anatomie,* Montréal, Éditions Laterna Magica.

TREMBLAY, Michel (1968), *Les Belles-Sœurs,* Montréal, Holt, Rinehart and Winston.

TREMBLAY, Michel (1980), *L'impromptu d'Outremont,* Montréal, Leméac. (Coll. « Théâtre ».)

UBERSFELD, Anne (1978), *Lire le théâtre,* Paris, Éditions Sociales. (Coll. « Classiques du peuple. Critique », n° 3.)

L'ÉTRANGER OU LE THÉÂTRE ENRICHI

Georges Banu

Institut d'études théâtrales, Université Paris III

L'art, en Occident au moins, ne fonctionne correctement qu'en tant que *système ouvert,* système qui, selon les principes de la physique, peut intégrer et modifier les matériaux nouveaux, les informations récentes. Sinon, pour reprendre la belle formule de Valéry, on doit admettre que « toute culture fermée est une culture éprise de pouvoir ». L'ouverture apparaît comme indissociablement liée à la régénération[1].

Aujourd'hui on peut se demander s'il y a vraiment consensus là-dessus ; rien n'est moins sûr. Et certaines manifestations récentes nous en font même douter. En revanche, un front de défense se constitue. Et de nouveau il y a risque de se retrouver dans la logique du siècle : front contre front.

DES ACCENTS VENUS D'AILLEURS

Si par la présence des étrangers enrichissement il y a, qui peut le ressentir ? C'est peut-être provocateur, mais nous devons l'admettre : *il faut être aborigène pour saisir la portée de l'étranger. Bien entendu, aborigène ouvert.* Pourquoi celui-ci serait-il plus réceptif à la présence de l'étranger ? Parce que c'est lui qui possède des assises solides, linguistiques surtout, qui le rassurent. Il ne craint rien : c'est toujours l'homme qui parle le mieux sa langue qui admet le parler de l'étranger. Il connaît la norme et, implicitement, apprécie l'écart de même qu'il jouit de la différence. C'est lui qui, le premier, reconnaît la portée de l'enrichissement.

1. D'emblée je reconnais le caractère incomplet et guère totalisant de ce texte. Je ne peux embrasser ni l'ensemble des cas de figures possibles, ni m'appuyer sur une autre bibliographie que ma biographie de spectateur ou celle de mes amis, de mes connaissances.

C'est lui qui l'évalue correctement et le goûte. À cet égard la position d'Antoine Vitez a été exemplaire. Il fut le metteur en scène qui réhabilita l'alexandrin dans toute sa beauté formelle, mais il n'érigea pas pour autant son théâtre en musée de la langue. Il l'assimilait plutôt à un *laboratoire de la langue* où acteurs français et étrangers devaient œuvrer, toujours en sa présence, à l'extension du registre phonique, à la variation des rythmes, au métissage des accents. Accents dont Vitez faisait l'éloge, car il reconnaissait dans cette intrusion d'une sonorité allogène le moyen d'élargir la palette de la langue.

Dans *Le cuisinier hollandais,* il déclarait :

> *Si je me suis intéressé aux accents étrangers, c'est par souci maniaque de la langue, de la mienne en l'occurrence. Les gens qui disent avec un accent étranger de beaux textes français* [...] *me font réagir à ma propre langue : je l'entends comme parlée d'ailleurs, je l'entends mieux. J'ai toujours été émerveillé par les différences que les accents font apparaître dans la langue elle-même. Lorsque, à un accent français plus ou moins unifié, se mêlent des accents étrangers, on jouit mieux et plus de la langue* (1983 : 4).

Et presque dans le même esprit, un ami éditeur, chez Gallimard de surcroît, m'avouait à propos de *Mahabharata,* le spectacle de Peter Brook, aveu significatif : « C'était beau, c'était généreux, on entendait des accents étrangers. » Le metteur en scène, d'Ariane Mnouchkine à Antoine Vitez, qui intègre des accents étrangers dans la langue cesse de l'assimiler à l'expression inaltérable de l'identité nationale ; en l'ouvrant à un autre univers sonore, il met en cause le *Un* au profit du *Double,* voire même du *Multiple.* Sur la scène on n'entend plus le parler de la nation seulement, mais celui de la ville, ville désormais cosmopolite.

Mais aime-t-on tous les accents, indistinctement ? Loin s'en faut, car l'écoute ne sera guère indifférente, surtout dans un certain contexte historique, à l'origine de l'accent. De même qu'un accent local produit des réactions qui témoignent des rapports que le public entretient avec une catégorie sociale ou une région, l'accent étranger suscite des réactions liées à l'effet que provoque sur scène ce lieu de la nation. La présence explicite d'une autre nation, l'accueil d'un accent bien précis, est fonction du rapport que le public entretient avec la culture et l'histoire d'un peuple que le corps du comédien, par delà le rôle, incarne sur scène. À Paris, dans les années 1930, Elvire Popesco non seulement cultivait son accent, mais elle le donnait souvent pour russe en profitant ainsi du capital de sympathie dont bénéficiait la colonie russe à cette époque-là. Colonie d'immigrés, des sans-retour, colonie des perdants. À Bucarest, dans les années 1950, lorsque l'armée russe occupait le pays après avoir imposé le pouvoir communiste, l'accent russe d'une comédienne, de surcroît militante fortement engagée dans la politique officielle, était ressenti par tout un chacun comme un coup supplémentaire apporté à l'asservissement du pays. C'était l'accent de l'occupant... Un accent allemand n'aurait-il eu le même effet sur une scène parisienne dans les années 1940 ? Du déterminisme contextuel dans la perception de l'accent.

Dans les mises en scène de Vitez, on entendait des accents arabes, polonais, grecs, chez Mnouchkine on privilégie les accents sud-américains. À travers les accents, le spectateur peut déceler certaines affinités électives du metteur en scène, ses aires culturelles privilégiées, ses attraits et ses indifférences. Et cela en rapport avec les mentalités collectives généralement respectées, rarement contredites, car l'accent, ils le savent, intervient dans les perceptions de la langue, certes, mais aussi dans celles du spectateur. Il peut en tirer profit ou en pâtir.

En revanche, les metteurs en scène étrangers qui ont travaillé à Paris, de Strehler à Krejča ou Pintilié[2], n'ont jamais aimé les accents et ils les cultivent peu. Leurs assises linguistiques sont plus faibles, surtout sur le plan des sonorités, et ils éprouvent le besoin de s'appuyer sur un modèle linguistique solide et de le défendre. Ils ressemblent plutôt à Cioran, le Roumain qui a écrit le plus beau français, ou à Kundera qui écrit le français le plus juste. C'est l'étranger qui se pose en gardien du temple.

LA LUTTE OU LE JEU AVEC LA LANGUE

L'étranger sur scène montre cette lutte. La langue, ce qui dans la communication quotidienne est outil courant, devient pour lui territoire à investir, à conquérir. Le combat lorsqu'on l'entend sur scène évoque le célèbre *Ostranienii Efekt,* l'effet d'étrangéisation dont parlait Chklovski qui fut converti par Brecht en *Verfremdungseffekt* : son but, c'est d'aiguiser la perception en rendant le réel différent, étrange, inhabituel.

Le combat avec la langue apparaît souvent aussi comme une figure de la condition de l'acteur, de son exil, malheureusement le plus souvent involontaire. Bruce Myers dans *Timon d'Athènes,* mis en scène par Brook, montrait précisément ce rapport conflictuel avec la langue, et dans

2. En roumain Pintilié savoure les accents, aussi bien locaux qu'étrangers, car il peut les repérer, les inscrire dans un microcosme culturel, les entendre comme une chance accordée à sa langue à jamais déposée en lui.

l'énergie de son jeu le public reconnaissait aussi le grincement de la friction des mots, du face-à-face des accents, véritable corps à corps théâtral.

Anglais d'origine, David Warrilow a poussé à la perfection la coexistence de ces deux instances linguistiques, l'anglais et le français, mais derrière son français résonne toujours, subrepticement, l'écho lointain de la langue mère. Comme une source nullement tarie. Andrzej Sewerin, arrivé de Varsovie, lutte avec la langue et, ainsi, il apporte aujourd'hui à la scène une des articulations du français les plus travaillées, français audible, noble, mais encore mâtiné d'un léger accent polonais.

Tout témoigne chez eux de la relation vivante entre une langue d'arrivée qu'ils conquièrent au jour le jour et la persistance d'une langue de départ qui survit encore : coexistence des langues.

Parfois, on peut jouer avec l'accent. À Andres Perez Aroyo, acteur chilien qui interprétait Chou En-lai dans *Sihanouk,* Mnouchkine a demandé non pas de perdre son accent, mais de le rendre non localisable. L'accent devait désigner seulement l'étranger, cet acteur errant, sans papiers ni carte d'identité, qui fuit les dictatures au prix de son métier. L'acteur qui vient d'ailleurs... L'acteur sans origines.

Au combat s'oppose la séduction que certaines actrices entendent cultiver grâce à l'accent aussi bien qu'à l'usage approximatif de la langue. Ils désignent « la belle étrangère », la femme venue d'ailleurs, la femme pour toujours en instance de départ. Jane Birkin ou Anna Prucnal ne luttent pas avec la langue, elles la traitent avec désinvolture, avec grâce afin d'échapper à la prose de l'effort. La relation n'a plus rien de conflictuel, elle tient simplement d'une subtile stratégie de charme.

Si le combat ou le jeu avec la langue peuvent légitimement agir, le délabrement de la langue au théâtre, lui, ne peut que troubler. Quand la norme vole en éclats, quand le spectateur ne voit et n'entend plus qu'un « étranger » dans le sens littéral du terme, il y a déperdition du plaisir, brouillage du sens. Isaach de Bankolé dans *Dans la solitude des champs de coton* rendait le français incompréhensible et à cause de cela ce qui se voulait être à l'origine un dialogue philosophique échouait dans un magma de borborygmes. La langue cessait d'agir et le spectateur assistait consterné à sa défaite.

Au risque de choquer en empruntant un terme souvent contesté, je dirais qu'il y a un « seuil de tolérance » linguistique, au-delà duquel la jouissance de l'écoute cesse et la communication s'interrompt. La reprise du rôle par Chéreau tient son succès de la performance du comédien autant que de la réhabilitation de la langue.

Une autre observation mérite d'être ajoutée : la perception du rapport de l'acteur étranger à la langue ne fonctionne pas indifféremment. Elle dépend aussi du rapport que le spectateur entretient avec le matériau littéraire adopté. On aime Bruce Myers dans Shakespeare, mais il exaspère dans Racine où l'écart entre les ressources de l'acteur sur le plan du français et les exigences du texte s'avère trop important. De même on se laisse émerveiller par Sotiguy Kouyate jouant Bishma du *Mahabharata,* mais on déplore son utilisation rudimentaire de la langue dans Prospéro. On peut se demander si dans la perception intervient ou pas un paramètre ayant rapport à la familiarité avec un texte et un rôle. Bishma, le sage, on le découvrait, Prospéro, on le connaissait. L'un nous était étranger, l'autre très proche. On rencontrait Bishma, on retrouvait Prospéro. Du premier on entendait les mots pour la première fois, du second on les connaissait depuis le plus jeune âge. Dans cet interstice se joue quelque chose de fondamental pour l'accueil de l'accent étranger.

LE CORPS ÉTRANGER

Aux rapports avec la langue s'ajoute souvent le rapport au corps étranger. Parfois le metteur en scène en éprouve le besoin et il l'emploie comme tel. C'est un corps qui, explicitement, affirme une identité corporelle autre, distincte, un corps qui se montre comme venu d'ailleurs. Cela entraîne plusieurs modes d'intervention. Le premier et le plus évident consiste à faire jouer le personnage de l'étranger par l'acteur étranger, comme dans *La cerisaie,* mise en scène par Strehler, où le mendiant inconnu qui surgit au bord de la rivière en perturbant le calme inquiet de la partie de campagne est interprété par un acteur russe au corps massif, à la voix rauque, véritable prototype slave qui détonne dans l'ensemble de la distribution.

On remarque souvent le recours à l'acteur étranger comme à un agent perturbateur, comme à un élément allogène. Sa fonction première, c'est d'apporter un autre corps, une autre relation aux mots, un engagement et une présence différents. Ainsi Claude Régy a choisi Miloud Ketib pour ses racines berbères et tout ce qu'elles lui permettaient d'engendrer comme pouvoir déflagrateur sur un plateau. Richard Demarcy a fait longtemps appel à un acteur noir, pour des raisons de plasticité exceptionnelle, de fluidité, bref d'un véritable *swing* corporel qui renvoyait à l'univers de la comédie musicale cher au metteur en scène. Le corps de l'acteur étranger incarnait, d'un spectacle à l'autre, l'esprit ludique dont Demarcy souhaite faire la première vertu de ses spectacles. Emiliano Suarez, dans *Pièce sans titre* de García Lorca, mise en scène par Lluis Pasqual, amenait sur scène une présence excessive, caricaturale et en jouant de son accent et de son corps, de sa physionomie, il rendait saisissante une partition peu étendue. Le corps étranger, dans ses meilleurs moments, intervient comme une tache de couleur, comme une déchirure, comme une secousse.

DISTRIBUER L'AUTRE

Dans un hommage rendu au spectacle de Brook *Les Iks,* Vitez observait que, pour la première fois, la distribution des comédiens refusait toute distinction raciale comme barrière imposée par les données de la situation. Le rôle n'est plus interdit à personne et tout un chacun peut s'y attaquer sans la moindre restriction. Ainsi un Anglais, un Japonais, un Noir, une Libanaise, un Grec et un Suisse racontent ensemble une histoire qui se déroule dans un village africain. La race cesse d'intervenir comme critère de distribution.

Distribuer sans tenir compte de la race du comédien et sans vouloir que la race intervienne pour qualifier le personnage, c'est une tentative qui se fait jour de plus en plus. Ainsi Deborah Warner emploie un acteur noir aussi bien dans *Titus Andronicus* que dans *Le Roi Lear* en se refusant chaque fois à attribuer un sens particulier à la négritude ; elle la traite comme une fiction. L'acteur noir intègre la distribution sans la moindre connotation de race. C'est la voie que Vitez a reconnu dans *Les Iks* de Brook. Et qu'il a adoptée lorsqu'il a choisi un interprète africain pour le cuisinier hollandais de *Mère Courage.*

Distribuer l'Autre ne tient pas de la seule volonté du metteur en scène, car parfois il doit se définir en fonction de certains souhaits explicitement formulés par des écrivains. Et l'Autre pour l'auteur occidental est toujours africain. Genet exige que *Les Nègres* soient joués par des acteurs noirs maquillés comme des Blancs. De son côté, Koltès fait un présupposé dramaturgique de la présence d'un acteur noir dans le rôle du *dealer* de son texte *Dans la solitude des champs de coton.* Les metteurs en scène, ces derniers temps, se sont dérobés à de pareils impératifs, mais, comme réussites et échecs s'équilibrent, nulle conclusion générale ne parvient à s'imposer. Elle ne peut être que ponctuelle, liée à un texte. Ainsi, la tentative de Peter Stein dans *Les Nègres* de faire retrouver aux acteurs blancs les postures et les rythmes des acteurs africains a semblé vaine. Ce que l'on admirait, c'était plutôt la réussite mimétique, mais elle détournait souvent de la question centrale du texte. Le remplacement des acteurs noirs par des acteurs blancs pour *Anacaona,* le texte de l'auteur haïtien Jean Métellus mis en scène par Vitez, ne fut pas convaincant non plus et le même retournement dans *Le Roi Christophe* à la Comédie française ne donna guère plus de satisfaction. Par contre, la réussite exceptionnelle de Chéreau dans le rôle du *dealer* de la pièce *Dans la solitude des champs de coton* infirme l'impératif de la négritude défendu avec opiniâtreté par Koltès. Jusqu'où peut-on surmonter les déterminismes de race auxquels renvoient un texte ou une distribution ? Les nier systématiquement risque de déboucher sur une vision indifférenciée des corps, sur un discours uniquement essentialiste. Certes, lorsque le discours se focalise sur l'homme de manière délibérée, les distinctions peuvent s'effacer plus facilement, comme dans *Les morts d'Othello*, le spectacle d'Antoine Caubé où c'est un Blanc qui joue le Maure. Sans maquillage ni transformations il incarne l'homme en proie au désarroi amoureux. Le metteur en scène veut nous faire oublier l'Autre, mais à l'écoute du texte nous reconnaissons, dans le désespoir où plonge l'être trahi, les échos du malheur de se vivre justement comme Autre.

LE MULTIPLE COMME PRINCIPE

La grande ville, de plus en plus, apparaît comme un concentré de la planète. Dans l'espace d'une métropole cohabitent races et nations qui entretiennent de plus en un plus un rapport approximatif à la langue du pays, à sa culture et son passé. La ville se présente comme un milieu multiple et varié, un milieu à identité variable, un milieu impur. Brook en a eu l'intuition et c'est dans cet esprit qu'il fonda en 1969 son Centre International des Recherches Théâtrales. Le principe du Multiple fut le sien. Il constitua une communauté disloquée sur le plan des origines mais unifiée par la quête théâtrale commune. À l'époque, l'initiative s'inscrivait dans le mouvement de 68, et des groupes comme le Living, l'Odin Teatret ou le Bread and Puppet se réclamaient du même attrait pour l'hétérogénéité ethnique. Le principe de l'identité nationale n'avait plus cours, et à l'horizon se dessinait l'espoir communautaire.

Bref, la démarche brookienne reste indissociable de l'utopie soixante-huitarde.

Chez Brook, un second élément va intervenir afin que ce qui tient au début de la composition du groupe s'érige ensuite en principe esthétique. Lors du voyage en Afrique du C.I.R.T., l'équipe choisit généralement comme lieu de jeu la place du marché. Là, les gens du village se rendent plus aisément car, par sa nature même, c'est un lieu de réunion. Mais la place publique se définit aussi par l'extraordinaire éventail d'éléments et d'objets que proposent des gens venus du dehors, de l'extérieur du village. Cette place, elle aussi impure, a des vertus unificatrices sans qu'elle efface pour autant les différences, ni apaise la multiplicité.

Par ailleurs, c'est là que s'échangent des produits indispensables à la vie auxquels Brook aime identifier son théâtre. C'est pourquoi la place publique finit par se constituer en référence mentale indispensable aux acteurs du Centre et en modèle d'un réseau de relations perceptible par la salle.

Dans la démarche de Brook, l'utopie communautaire et le modèle archaïque du marché s'épousent : le brassage des identités au niveau intercontinental d'un côté, au niveau d'un territoire local de l'autre côté. En se réclamant de cette double filiation, Brook cherche à inscrire son théâtre dans un contexte vital qui prend en compte les données du présent tout en s'appuyant sur des pratiques anciennes.

Brook ne traite pas l'étranger comme un élément en rupture par rapport à une identité forte, préalable au jeu, identité du pays d'accueil qui se manifeste à travers la majorité de la distribution. Non, chez lui, l'étranger est une donnée globale de départ, car le but consiste à démarrer à partir du groupe le plus disparate pour parvenir au groupe le plus organiquement unifié. Chez Brook ce n'est guère le principe de l'Un ébranlé par la présence de l'Autre qui fonctionne, mais celui d'un Multiple initial qui sans écarter les différences vise à aboutir au Un de l'équipe.

TRAVAILLER À L'ÉTRANGER

À quelques exceptions près, pour l'homme de théâtre il n'y a pas d'exil heureux. L'acteur du pays d'accueil, le plus souvent, reste à jamais perçu comme insatisfaisant... Le metteur en scène n'a plus ses acteurs qui, profondément, lui ont permis d'accéder à une certaine image du corps, dans la plupart des cas introuvable ailleurs[3]. En le perdant, il ressemble à l'écrivain qui finit douloureusement en exilé de sa langue, car les acteurs sont la langue du metteur en scène. Sans eux, il éprouve toujours la sensation d'un manque, le manque d'un accomplissement atteint jadis et à jamais reconquis. Vingt ans durant, de Krejča à Lioubimov ou Pintilié, l'expérience fut la même et engendra la même nostalgie. Et si aujourd'hui ils retournent dans leurs pays, c'est aussi pour regagner leur « langue », à savoir l'acteur russe, tchèque ou roumain. Cela s'explique aussi par leur âge et par leur esthétique centrée autour de l'acteur, car les metteurs en scène latino-américains arrivés plus jeunes en France et préoccupés plutôt par l'image n'y ont pas rencontré ces difficultés.

À l'exil involontaire des metteurs en scène des anciens pays de l'Est répondent les passages volontaires de certains metteurs en scène

3. Comme pour les écrivains, il y a des exceptions aussi parmi les metteurs en scène. Ainsi Jacques Lassalle entretient un rapport privilégié avec l'acteur norvégien, acteur qui conjugue, selon ses plus anciens vœux, la retenue constante et l'explosion violente. À son tour, Vitez, lorsqu'il a monté *Le triomphe de l'amour* au Piccolo, éprouva une jouissance extrême lors de la rencontre avec des acteurs italiens. L'acteur étranger apparaît alors, mais c'est bien rare, comme le corps inlassablement rétracté : le corps que le metteur en scène porte en lui et dans lequel, brusquement, il se reconnaît.

dans des pays d'accueil de leur choix. Georges Lavaudant, Sophie Loucachevsky, Michel Deutsch, Alain Millianti travaillent souvent ailleurs. Mais dans leur cas, il s'agit d'un laps de temps bien délimité, d'un exercice qui n'a de sens que s'il devient expérience passagère nourrie par la rencontre d'un autre milieu, d'une autre pratique.

Dans ces cas-là, Lavaudant insiste, il est intéressant que l'étranger accepte de se présenter comme un artiste non soluble, qui résiste. Il ne cherche pas l'adaptation, mais l'écart, la différence, afin de mieux se présenter comme l'Autre, celui qui entretient un rapport « étrange » avec la réalité du contexte d'accueil. Malgré cela, pour que dialogue il y ait, il faut tout de même découvrir un terrain d'entente si réduit soit-il. Sinon le contexte et l'invité passent à côté l'un de l'autre comme deux planètes qui s'ignorent. Ne pas emprunter l'esthétique d'accueil, c'est la raison d'être de l'étranger de passage, mais satisfaire certains codes d'attente, c'est l'exigence même de tout échange.

À Paris, Brook incarne le terme intermédiaire. Son exil n'est pas imposé, et son passage n'est pas bref. L'exil est délibéré et de longue durée. Brook n'a pas cherché à s'adapter, mais à force d'y rester il a transformé le théâtre français. Il a travaillé à Paris, mais dans une perspective internationale. Il s'est dérobé à la relation duelle entre le pays qui reçoit et l'étranger qui arrive. Il s'est placé au carrefour du monde. Il a invité à s'ouvrir, il a œuvré à la valorisation de l'impureté, il a cherché en réunissant les êtres les plus variés à réaliser concrètement l'arc-en-ciel de l'homme, sa métaphore préférée pour dire le but qu'il assigne à la réunion d'acteurs étrangers que représente son Centre. À partir de la diversité maximale, il s'est lancé dans la quête de l'unité primordiale, celle de l'essence à laquelle on ne parvient qu'après la traversée du Multiple.

Une ultime question intervient : comment rentrer ? Comment faire, si l'on rentre, pour que l'expérience vécue à l'étranger nourrisse le théâtre d'origine ? Comment l'ériger en élément novateur, original, distinct ? Comment retourner dans son pays sans rester étranger ? Et comment faire profiter au pays de son aventure à l'étranger ? C'est la grande expérience à laquelle se livrent aujourd'hui Andrei Serban à Bucarest, Krejča à Prague, Lioubimov à Moscou. Entre son pays et le metteur en scène de retour, il y a un écart, une faille à combler, une liaison à renouer. L'étranger qui rentre justifie son départ lorsqu'il parvient à amorcer le dialogue où l'expérience du pays natal et l'expérience de l'exil s'exercent au cœur de son théâtre.

BIBLIOGRAPHIE

VITEZ, Antoine (1983), « Le cuisinier hollandais », *Journal de Chaillot,* nº 12 (juin).

LE THÉÂTRE BRÈCHE

Louis Francœur
Université Laval

Au cours de la deuxième moitié de ce siècle, avec une insistance qui tient peut-être davantage du désarroi et de l'inquiétude que de la morosité causée par la perte des valeurs du passé, on s'est interrogé tour à tour au sujet du déclin de la civilisation occidentale, de la difficulté d'être à l'ère de la postmodernité, de la fin possible de l'histoire, enfin du bien-fondé de construire dans nos murs devenus opaques une société non plus interculturelle ou multiculturelle mais véritablement transculturelle, dans laquelle le rapport à l'origine serait cassé et « le fétiche de la langue » mis à mort (Trudel, 1994). Faudrait-il, pour expliquer un questionnement d'une telle amplitude, invoquer à tout prix la pensée de Tocqueville, à savoir que « le passé n'éclairant plus l'avenir, l'esprit marche dans les ténèbres » (Arendt, 1972 : 15) ? Il nous semble que les interrogations que l'on formule de cette façon aujourd'hui, si elles ont parfois peu à voir avec des épiphénomènes culturels que l'on nomme commodément postmodernes, concernent, en revanche, au premier chef, la représentation que l'homme se fait de la place qu'il occupe dans le flux inexorable du temps.

Cette *crise de la culture* poussait naguère Hannah Arendt (1972) à se demander déjà comment l'homme contemporain pouvait parvenir à s'insérer et à se maintenir dans le flux du temps qui risque continuellement de l'emporter. Rappelant la parabole de Kafka au sujet de l'homme aux prises avec ses deux antagonistes – un premier qui le pousse de derrière depuis les origines et un second qui barre la route devant lui, le premier le soutenant dans son combat contre le second, car il veut le pousser en avant, et le second le soutenant dans son combat contre le premier, car il le pousse en arrière –, Arendt ne manquait pas de souligner que Kafka rêvait finalement d'un homme qui oserait quitter d'un saut la ligne de combat et s'élever ainsi à la position d'arbitre de ses deux antagonistes. Cette scène de « champ de bataille où les forces du passé et [celles] du futur s'entrechoquent » ne manque pas d'étonner le lecteur dans la mesure où « ce passé, en outre, dont la portée s'étend jusqu'à l'origine, ne tire pas en arrière mais pousse en avant, et c'est contrairement à ce que l'on attendait, le futur qui nous repousse dans le passé » (p. 21). La crise de la culture contemporaine ne réside-t-elle pas justement dans le fait que, depuis Parménide jusqu'à Hegel, l'homme a toujours rêvé, comme Kafka en son temps, d'un lieu qui élèverait l'être humain au-dessus de la ligne de combat, d'un lieu sans espace et sans temps qui serait la région propre de la pensée. L'homme, selon Arendt (p. 22), loin de se placer au-dessus du temps, devrait plutôt s'insérer dans le temps : il n'y parviendra qu'en créant une nouvelle dimension spatio-temporelle dans laquelle sa pensée pourrait s'exercer sans être du tout forcée de sauter au-delà du temps humain.

Cette idée est familière à la sémiotique qui soutient que les événements de la vie se succèdent et que leur représentation peut se faire directement dans l'esprit, constituant ainsi un moment unique entre le passé et l'avenir[1]. De cette manière, l'être humain serait-il apte à créer, par cette représentation même, la brèche essentielle à sa survie. La conscience de l'homme qui s'élabore dans la représentation de soi, est en réalité une conscience à deux faces. Première face, celle de l'Ego, qui est essentiellement le sentiment de « ce qui a été ». Deuxième face, celle du Non-Ego, qui est le sentiment de « ce qui sera », car l'expérience passée nous appartient et ce que l'avenir nous réserve n'est pas encore nôtre, mais le deviendra au moment même où notre esprit se l'appropriera (C.P. 7.531). Loin de n'être qu'un phénomène moderne ou qu'une simple donnée historique, cette brèche, pour la sémiotique comme, du reste, pour Arendt (1972 : 24), coïncide avec les conditions de l'existence même de l'homme sur terre.

Cette brèche dans laquelle la pensée crée, dans le flux temporel, sa propre représentation et celle du monde, ne la devons-nous pas essentiellement et depuis toujours aux œuvres artistiques en général, peinture, littérature, musique ou architecture, mais surtout au théâtre, manifes-

1. Il s'agit, en l'occurrence, de la théorie du logicien américain et fondateur de la sémiotique contemporaine, Charles Sanders Peirce (1839-1914), dont certains chercheurs ont pu encore récemment affirmer qu'il était destiné à devenir le philosophe du XXIe siècle. Pour les références à l'ouvrage de Peirce, *Collected Papers* (1965), nous nous conformerons à l'usage répandu en donnant le numéro du volume suivi du numéro du paragraphe. Ainsi le volume 7, paragraphe 422 se lira : C.P. 7.422. Sauf indication contraire, la traduction en langue française est de nous.

tation par excellence de ce *theatrum mundi,* de ce théâtre du monde que de tout temps l'homme s'est inventé pour représenter sa vie et pour assurer sa survie ? Ionesco, dont nous voudrions évoquer la mémoire dans cette étude, en était bien conscient qui écrivait dans ses *Notes et contre-notes* : « le théâtre [est] l'art suprême, celui qui permet la matérialisation la plus complexe de notre profond besoin de créer des mondes » (1962 : 104). Appartenant, en tant qu'œuvre artistique, à la catégorie sémiotique de la « priméité », plus précisément de l'« expressivité », cette catégorie qui représente dans notre esprit l'univers des possibilités de qualité, le théâtre est apte, de ce fait, à créer un espace imaginaire dans un temps imaginaire où, dans la représentation qu'il fait de lui-même dans le temps, l'homme découvre que la vie devient possible, du moins l'instant que durera la brèche. Son propre statut de pure possibilité de sens transforme, en effet, le théâtre en un espace-temps originaire de tous les commencements. Créé et animé, comme toutes les œuvres artistiques, par une sémiosis autoréférentielle, le théâtre possède ce pouvoir unique, au sein de la vie culturelle, de créer un réel virtuel, un ordre nouveau, cohérent et, d'une certaine manière, atemporel, dans lequel l'auteur des *Chaises* pouvait puiser la justification de son œuvre : « C'est dans la conjugaison de l'histoire et de la non-histoire, de l'actuel et du non-actuel [...] que se révèle ce fonds commun inaltérable que l'on peut arriver à découvrir aussi, directement, en soi-même : sans lui, aucune œuvre ne peut avoir de valeur, c'est lui qui alimente tout » (p. 40). C'est par cette brèche que tous les autres discours de la culture, discours scientifiques, religieux, sociaux, philosophiques, en vertu de la fonction particulière qui leur est impartie dans la vie culturelle, devront saisir, concrétiser, décrire l'ordre hypothétique instauré par le théâtre.

Le théâtre brèche se présente donc comme un tout organique qui, selon les mots mêmes de Hegel, « à l'encontre du monde de la dépendance et de la relativité, existe librement et absolument par lui-même » (1965 : 17), comme s'il était le créateur de majestueuses et immenses hypothèses jetées sur le monde, à l'imitation de celles que nous propose Beckett dans *En attendant Godot* et dans *Oh ! les beaux jours,* éloquentes illustrations de l'immobilité du temps et du retour du même inscrits dans une structure en refrain d'un trajet qui n'en est pas un, selon l'heureuse formule de Ludovic Janvier (1969 : 87).

Reconnaître encore aujourd'hui une telle importance au théâtre, à ses dramaturges et autres interprètes artisans, dans la création même d'un espace vital pour l'être humain ne pourrait pas se justifier par le seul fait que ceux-ci, à l'instar des autres artistes, « connaîtraient entre ciel et terre, comme le suggérait Freud déjà, bien des choses que la sagesse scolaire ne saurait rêver » (Certeau, 1987 : 121). Que ces artistes, auteurs, metteurs en scène, comédiens aient toujours précédé l'homme de science, comme se plaisait encore à le rappeler Freud, ou « qu'il[s] lui fraie[nt] la voie », comme l'affirmait Lacan (cité dans Certeau, 1987 : 179), pour pratiquer cette brèche indispensable à sa survie, il suffirait, pour nous en convaincre, d'observer le rôle de l'œuvre d'art dramatique comme embrayeur fondamental des idéologies en Occident. Les sémioticiens de la culture ne s'étonnent pas outre mesure de cette fonction particulière que les artisans de la dramaturgie remplissent au sein de la culture quand ils se souviennent de la place privilégiée que réserve à l'artiste Peirce lui-même dans un passage pour le moins étonnant chez un homme de science aussi important à son époque : « Permettez-moi de dire aux hommes de sciences que les artistes font preuve de plus de finesse et de précision qu'eux dans leurs observations » (C.P. 1.315) et, ajouterons-nous, dans leurs hypothèses.

Les hypothèses ou abductions que formulent les dramaturges les conduisent à la création de cette brèche, signe essentiel de l'homme pour l'homme. Un signe. C'est-à-dire qu'il est quelque chose déterminé par quelque chose d'autre. C'est son « objet », en effet, qui détermine le signe à le représenter, c'est le signifié, croyons-nous, qui confère au signe une partie de sa propre forme. Alors, faut-il nous étonner de découvrir que le microcosme devant lequel nous nous retrouvons au théâtre épouse, dans le flux du temps, la forme d'une brèche dont les contours varient non seulement d'une culture à une autre, mais à l'intérieur d'une même culture d'une phase de son développement à une autre.

> *Certains reprochent aujourd'hui au théâtre de ne pas être de son temps,* déplorait Ionesco. *À mon avis, il l'est trop. C'est ce qui fait sa faiblesse et son éphémérité. Je veux dire que le théâtre est de son temps tout en ne l'étant pas assez. Chaque temps demande l'introduction d'un « hors temps » incommunicable, dans le temps, dans le communicable. Tout est moment circonscrit dans l'histoire, bien sûr. Mais dans chaque moment est toute l'histoire* (1962 : 9).

Dès lors, une question toute simple s'impose : quel est donc cet objet qui confère à la brèche, ce microcosme, la forme qui est en train d'apparaître aujourd'hui, celle que nous avons pu observer dans les manifestations théâtrales d'hier, celle qui s'imposera demain ? Cet « objet » ne peut être qu'une certaine représentation de l'homme que se forment les dramaturges de tous les temps. « Objet » que nous appellerons « dynamique » en ce qu'il constitue pour tous le point de départ et le point d'arrivée du mouvement de création théâtrale. Nous dirons donc de l'« objet dynamique » du théâtre qu'il est l'être humain situé et représenté dans de telles relations sociales, culturelles, religieuses et autres, qu'une étude illimitée et finale pourrait saisir (C.P. 8.183).

Ce n'est que grâce à leur expérience d'interprètes des signes théâtraux que les créateurs situés aux différents niveaux de la production et de la représentation théâtrales pourront, à la fin de leur processus d'interprétation, saisir une partie de la signification de l'« objet dynamique » qu'est l'être humain. Par expérience, nous entendons une connaissance antérieure, personnelle ou collective, de ce que le signe théâtral dénote (C.P. 8.179), en l'occurrence l'être humain, comme en témoigne Bertolt Brecht dans sa réponse à la question « Le monde d'aujourd'hui peut-il être rendu par le théâtre ? » : « [...] il est une chose qui ne fait plus aucun doute pour moi : le monde d'aujourd'hui ne peut être décrit aux hommes d'aujourd'hui que s'il leur est présenté comme transformable » (Brecht, 1963 : 343). Cette expérience de l'objet dynamique que doivent posséder les interprètes, antérieurement à l'utilisation qu'ils veulent faire du signe, constitue un présupposé *sine qua non* du processus d'interprétation. Pour connaître l'objet dynamique, une expérience antérieure de cet objet individuel est requise (C.P. 8.181). Mais il faut, une fois de plus, préciser immédiatement que cette signification n'existe pas en elle-même, qu'elle n'est pas systémique par nature, qu'elle n'est jamais, en somme, indépendante de l'interprète qui la crée en la percevant et qui s'en fait un ou des « interprétants » ou effets signifiés personnels.

Cette notion d'« interprétant » est précieuse pour nous dans la mesure où elle nous permet de tenir le signe théâtral, considéré tout aussi bien comme un tout que dans ses parties constitutives, comme nécessairement triadique, « représentamen », « objet », « interprétant », comme étant essentiellement l'effet signifié d'une action des interprètes. Pas d'interprètes, devons-nous inlassablement répéter, pas de formation d'« interprétants » et en conséquence pas de signe. C'est dire à quel point cette conception sémiotique du signe triadique devrait avant tout interpeller tous les interprètes directement concernés par la représentation théâtrale. Comme toute œuvre artistique, le théâtre est un espace ouvert parce que jamais tous les interprètes du monde ne pourront concevoir la totalité de sa signification.

Espace-temps en perpétuel changement, érigé pour endiguer le flot des forces du passé et du futur, mais aussi suffisamment éloigné du passé et du futur, comme le souhaitait Arendt, pour offrir à l'homme une position d'arbitre dans le conflit qui oppose ces forces antagonistes que sont l'Ego et le Non-Ego, le microcosme théâtral est, en effet, l'œuvre d'une multitude d'interprètes, auteurs, metteurs en scène, comédiens, scénographes, costumiers, musiciens, éclairagistes qui, tous, peuvent et doivent revendiquer non pas comme un privilège mais comme la nécessaire satisfaction d'un besoin irrépressible, leur participation à l'édification de ce signe global. Besoin, comme le précisait Michel de Ghelderode dans *Les entretiens d'Ostende,* d'« exprimer l'homme de son temps. Et à travers lui, l'homme éternel » (1956 : 79).

C'est à tous ces interprètes, éternels et nouveaux Sisyphes, qu'incombe la responsabilité d'agrandir la brèche, pour notre vie même, et d'en prolonger la durée, pour notre survie.

Ils le feront selon trois modalités.

Le premier mode de croissance du théâtre brèche résidera dans l'usage qu'on en fera, c'est-à-dire dans l'apparition et la multiplication des œuvres théâtrales. Les signes théâtraux sont, en effet, des « symboles », au sens de la sémiotique, c'est-à-dire des pensées-signes et, comme tous les signes de la nature du symbole, ils naissent d'autres signes. « Omne symbolum de symbolo. »

Cette croissance du théâtre symbole se présente essentiellement comme un mouvement « orienté » qui devra conduire les interprètes de symbole en symbole, de pensée en pensée, d'œuvre théâtrale en œuvre théâtrale. Pour les interprètes, metteurs en scène et autres intervenants, ne sera donc authentiquement et totalement signe théâtral que ce qui sera représenté, que ce qui sera interprété, que ce qui s'accroîtra grâce à la chaîne ininterrompue des interprétations.

Dans ce premier mode de croissance, le théâtre brèche tend, tantôt avec une grande régularité, tantôt de manière épisodique, à se mieux dépeindre, à se mieux définir, c'est-à-dire à mieux représenter son « objet », en produisant des signes toujours plus précis de lui-même. L'œuvre théâtrale apparaît alors comme un signe-symbole parmi une foule d'autres symboles qui l'ont précédée dans l'univers du théâtre. N'en va-t-il pas pour l'œuvre théâtrale comme pour toute autre espèce d'œuvre artistique, comme le suggérait Julien Gracq : « un esprit neuf absorbe, transforme, et finalement restitue sous une forme inédite non pas le monde brut, mais plutôt l'énorme matière littéraire qui *préexiste* à lui » (1961 : 83) ? Exister, dans une certaine acception du terme, c'est « exister », être sorti de, être issu de. Selon cette définition, le théâtre, à la fois naissance et achèvement, « est » dans la vie des œuvres parce qu'il a surgi « de » la vie des œuvres. S'il en est ainsi, nous pouvons de cette manière expliquer pourquoi « aussi loin que nous remontions, nous devinons d'autres formes derrière celles qui nous émeuvent » (Malraux, 1951 : 281). Si nous concevons le premier mode de croissance du théâtre brèche comme une continuité, c'est parce que nous entendons surtout par là qu'il s'agit d'une croissance qui s'exerce au sein d'une famille de pensée, d'une descendance en somme, comme le laissait entendre

Virginia Woolf : « Les livres descendent des livres comme les familles des familles. Certains descendent de Jane Austen, d'autres de Dickens. Ils ressemblent à leurs parents, comme les petits des hommes ressemblent à leurs parents » (1963 : 182).

Ce premier mode de croissance du théâtre brèche ne laissera pas de rappeler à tous les interprètes que la représentation ou la description qu'ils feront d'une œuvre théâtrale devra prendre en compte sa nécessaire relation à un temps et à un espace déterminés. D'une part, elle appartient entièrement à son temps, avec les conséquences importantes que cette affirmation, en apparence banale, implique : être de son temps pour une œuvre théâtrale, c'est devoir assumer le passé, tout le passé artistique de l'époque dans laquelle elle est inscrite. En cela, elle sera toujours de quelque manière archaïque, ainsi que le pensait Michel Serres, des interprètes que nous sommes : « Comme la terre qui nous porte et le ciel qui nous contient, nous héritons de millions d'années de formation et donc restons archaïques pour plus des neuf dixièmes de notre épaisseur, enfoncés jusqu'aux yeux dans le passé immensément long de l'attente à la science » (1989 : 19). D'autre part, le dramaturge vit une expérience culturelle dans une collectivité donnée. Quel que soit son degré de conformité ou d'opposition aux valeurs esthétiques de sa collectivité, il est responsable, au même titre que tous les autres artistes, par son appartenance fraternelle même à cet ensemble humain, de son développement « continu ». André Malraux l'avait bien compris qui pouvait écrire : « En tant que créateur, l'artiste n'appartient pas à la collectivité qui subit une culture, mais à celle qui l'élabore » (1951 : 414).

Du reste, dans ce premier mode de croissance du théâtre brèche, les interprètes, metteurs en scène, comédiens ou critiques, auront tendance à ne mettre en œuvre que des signes qu'ils puiseront à l'intérieur de leur propre culture, c'est-à-dire des signes qu'ils estimeront que leur culture sera en mesure d'assimiler facilement et rapidement parce qu'ils les considèrent, de leur propre point de vue, comme culturels, accréditant ainsi la pensée de Kafka : « C'est l'avenir qui renvoie l'esprit de l'homme dans le passé "jusqu'à l'antiquité la plus reculée" » (Arendt, 1972 : 16, note 2). Aucune transformation ne semblant requise, chaque signe emprunté à son propre environnement culturel trouvera directement sa place dans les œuvres théâtrales créées ou recréées. Par exemple, dans un tel mouvement de croissance par « endogénèse », le théâtre québécois pendant longtemps a eu tendance à se porter plus volontiers vers les communautés culturelles de langue française pour enrichir les différentes facettes de ses propres créations sans devoir les modifier sur le plan linguistique. Chaque fois que cela s'est produit, la culture québécoise a rapidement assimilé ces signes théâtraux, pourtant venus de l'étranger, et les a incorporés à son propre système de valeurs culturelles. Nous pouvons penser, à cet égard, à la tradition du théâtre français du XIXe siècle telle qu'elle a été intégrée dans le théâtre québécois jusque dans les années 1960.

En revanche, toujours dans ce premier mode de croissance, nous nommerons croissance par « exogénèse » l'accueil que feront les interprètes dans leur propre culture des signes hétérogènes venus d'autres cultures. Ces signes théâtraux en provenance de la sphère extraculturelle auront souvent, s'ils sont conservés dans leur intégralité, une valeur de choc culturel et, de ce fait, seront appelés à jouer un rôle essentiel dans le développement du théâtre en particulier, et de la culture en général. Non seulement ces signes hétérogènes rendront-ils plus aigu le sentiment d'appartenance que les interprètes auront à l'endroit de leur propre culture, mais encore participeront-ils ainsi, par leur caractère d'« extranéité », à l'enrichissement du fonds culturel déjà existant.

De plus, nous devons prendre en compte le fait que ce mode de croissance par exogénèse s'effectuera de deux manières précises : soit par l'apparition de convergences interculturelles, soit par le surgissement de coïncidences interdisciplinaires. À cet égard, les propos que tenait de Ghelderode dans *Les entretiens d'Ostende* sont on ne peut plus clairs. Rappelant la leçon apprise de Shakespeare, de Kyd, de Marlowe, de Ben Jonson et de John Ford, puis plus tard des dramaturges du siècle d'or espagnol, Lope de Vega, Tirso de Molina, Calderón et Cervantes, il conclut : « Oui, tous ces dramaturges [...] ont appris à l'écrivain débutant à se débarrasser de ces règles qui paralysent, et c'est grâce à eux que j'ai toujours fait un théâtre à ma convenance » (1956 : 63-64). Le théâtre pousse parfois ainsi sur le théâtre emprunté à plusieurs cultures qui en constitue en quelque sorte ses classiques. Ainsi Hamm dans *Fin de partie* se souvient-il, péniblement il est vrai, du vers de Baudelaire : « Un peu de poésie. *(Un temps.)* Tu appelais — *(Un temps. Il se corrige.)* TU RÉCLAMAIS le soir ; il vient — *(Un temps. Il se corrige.)* IL DESCEND : le voici. *(Il reprend, très chantant.)* Tu réclamais le soir ; il descend : le voici. *(Un temps.)* Joli ça[2]. » Pour sa part, Winnie dans *Oh ! les beaux jours* trouvera merveilleux « qu'il vous en reste une partie, de vos classiques, pour vous aider à tirer votre journée ». Leur auteur ne possède-t-il pas lui aussi ses propres classiques, que nous pourrions

---

2. Ce vers est tiré du poème « Recueillement » : « Sois sage, ô ma Douleur, et tiens-toi plus tranquille° Tu réclamais le Soir ; il descend ; le voici » (Baudelaire, 1951).

appeler multiculturels ? Au fait, Dante et Virgile n'avaient-ils pas créé, avant Beckett, le théâtre de l'attente interminable ? Comme son contemporain, Ionesco ne peut dissimuler la dette qu'il a contractée à l'endroit de plusieurs de ses célèbres prédécesseurs : « Les textes mêmes de théâtre que j'avais pu lire me déplaisaient. Pas tous ! Car je n'étais pas fermé à Sophocle ou à Eschyle, ni à Shakespeare, ni par la suite à certaines pièces de Kleist ou de Büchner » (1962 : 7). Ce mode de croissance du théâtre brèche par l'usage qui est fait d'œuvres appartenant à d'autres traditions, à d'autres époques, voire à d'autres cultures, trouve son entière justification dans ce merveilleux aveu que laissait entendre Brecht : « [...] si on se sentait obligé de faire quelque chose pour une œuvre comme *Antigone*, le seul moyen d'y parvenir serait encore de lui faire faire quelque chose pour nous » (1963 : 165). En somme, nous le savons, ce jeu des tendances assimilatrices interculturelles a toujours eu une présence très active dans l'histoire du théâtre en Occident, notamment dans celui que l'on dit classique. Bajazet et la sultane Roxane n'en disconviendraient pas. Racine en cherchait-il, comme nous, la justification quand il écrivait dans la seconde préface de sa tragédie turque :

> [...] *les personnages turcs, quelque modernes qu'ils soient, ont de la dignité sur notre théâtre. On les regarde de bonne heure comme anciens. Ce sont des mœurs et des coutumes toutes différentes. Nous avons si peu de commerce avec les princes et les autres personnes qui vivent dans le sérail, que nous les considérons, pour ainsi dire, comme des gens qui vivent dans un autre siècle que le nôtre* (1950 : 531).

Si dans son mouvement de croissance exogénésique, le théâtre brèche interprète les signes de certaines manifestations théâtrales multiculturelles, il pourra aussi exercer ses mêmes tendances assimilatrices à l'endroit d'autres sphères de la culture que nous pourrions qualifier d'interdisciplinaires. À cet égard, le théâtre de Robert Lepage nous a habitués à ce genre de croissance du théâtre qui entend se construire autant par une forme d'opposition à l'endroit du théâtre écrit ou « littéraire » que par la surprenante interprétation qu'il se permet des signes cinématographiques, architecturaux ou picturaux. Les propositions théâtrales de Gilles Maheu abondent aussi dans le même sens qui s'alimentent volontiers au monde de la danse. Pour important que soit ce mode de croissance exogénésique dans le théâtre actuel, notamment dans le théâtre québécois, force nous est de constater qu'il s'agit là d'un phénomène qui n'a rien d'inédit pour peu que nous nous souvenions, par exemple, de la « choreia » du théâtre grec, véritable technique de synthèse de la poésie, de la musique et de la danse, que nous avons peine à imaginer aujourd'hui tellement les différents langages scéniques étaient maintenus dans une sorte d'égalité idéale absolue. Nous pourrions rappeler encore, à cet effet, cet autre spectacle qu'offraient sur le parvis des cathédrales les différents arts du geste, de la musique et de la parole au Moyen Âge. Enfin, nous ne pouvons ignorer sans plus l'étroite collaboration qu'exigeait la machine du théâtre classique : décor construit selon les normes architecturales proposées par Le Nôtre, côté de la reine et côté du roi évoqués par la palette de couleurs de Simon Vouet ou de Philippe de Champaigne ou danse enlevée sur la musique de Lulli. Nonobstant l'incontestable illustration de synthèse, voire d'harmonie, entre tous les arts de la scène que nous offrent ces exemples, nous pouvons néanmoins constater aujourd'hui un déplacement significatif au sein de la hiérarchie des signes théâtraux, le logos et le phanéron se disputant un territoire autrefois incontestablement occupé par le premier (Francœur et Francœur, 1993 : 196). Nous décelons encore dans cette opposition une manifestation claire du premier mode de croissance du théâtre.

La brèche dont nous faisions état plus haut pourra être maintenue et même agrandie grâce à un deuxième mode de croissance du théâtre qui réside dans la transformation de son « objet dynamique », c'est-à-dire dans la variabilité de la conception que se sont faite les différents interprètes du théâtre de l'être humain et de sa condition. Souvenons-nous que l'« objet » que le théâtre a voulu ainsi appréhender au cours de l'histoire de l'humanité, loin de représenter un donné immuable, a tour à tour été, comme aimait à le rappeler Arendt (1972 : 35) un ζῶον λόγον ἔχον comme le concevait Aristote, littéralement « l'être vivant doté de la parole », puis le ζῶον πολιτικὸν, « l'être vivant social » ; cette conception devait se modifier sous l'influence des auteurs romains et, après eux, des philosophes médiévaux, qui voyaient en l'homme un « animal rationale », conception qui devait être remise en cause par certains penseurs du début de l'ère moderne qui voyaient plutôt en lui un « homo faber » et, au XIXe siècle, un « animal laborans ». Qu'est-il devenu aujourd'hui ?

> [...] *il se forme, en ce moment même, un nouveau type d'homme,* écrivait naguère Brecht, *et c'est sur le développement de ce type d'homme que se concentre l'attention du monde entier.* [... T]*oute œuvre qui n'a rien à voir avec lui n'est pas une œuvre vivante et n'a rien à voir avec rien* (1963 : 19).

Si le premier mode de croissance du théâtre tenait aux relations interprétatives des signes de la culture, le deuxième mode ressortit aux conditions formelles de la sémantique des signes-symboles. Le signe-symbole théâtral, comme tout symbole en sémiotique, jouit d'une propriété spécifique qui est celle de croître indéfiniment et de se transformer sans cesse. Il possède donc une « histoire », qui est celle de l'affirmation et de la préservation de son identité durant tout le processus de son évolution, à travers toutes les mutations, toutes les morphogénèses qui jalonnent son développement. Ainsi des signes théâtraux pouvons-nous affirmer qu'ils possèdent une « vie » dont les interprètes, metteurs en scène, comédiens ou critiques, traceront la courbe tout en en relatant les moments marquants. Des tragiques grecs à Shakespeare, à Racine, à Beckett, et chez nous de Dubé à Tremblay à Lepage et à Maheu, la conception que les dramaturges se sont faite de l'être humain, de ses attributs et de son milieu n'a cessé de se transformer et d'accroître ainsi le sens de l'« objet » que chacun d'eux entendait représenter. Brecht ne pensait pas autrement qui écrivait : « À une époque où la science s'entend si bien à transformer la nature que le monde paraît déjà quasi habitable, l'homme ne peut plus être décrit comme une victime, comme un objet dont se jouerait un monde inconnu qu'on ne saurait transformer » (1963 : 344). L'importance fondamentale de ce deuxième mode de croissance de la brèche théâtrale apparaît encore clairement sous la plume, cette fois, d'Ionesco dans la note qu'il consacre à la conception personnelle de l'homme développée par Beckett qu'il oppose à celle de Brecht :

> *Je n'aime pas Brecht.* [...] *l'homme brechtien est plat, il n'a que deux dimensions, celles de la surface, il n'est que social : ce qui lui manque c'est la dimension en profondeur, la dimension métaphysique. Son homme est incomplet et il n'est souvent qu'un pantin.* [...] *Beckett est essentiellement tragique,* poursuit-il. *Tragique, parce que justement, chez lui, c'est la totalité de la condition humaine qui entre en jeu, et non pas l'homme de telle ou telle société, ni l'homme vu à travers et aliéné par une certaine idéologie qui, à la fois, simplifie et ampute la réalité historique et métaphysique, la réalité authentique dans laquelle l'homme est intégré* (1962 : 114).

L'être humain, « objet dynamique », c'est-à-dire source et fin de la représentation théâtrale, a été parfois soumis à des conceptions radicalement opposées. Que cette variabilité de sens soit un facteur de croissance non équivoque du théâtre, nous n'avons pour nous en persuader qu'à observer l'apparition encore récente dans l'histoire du théâtre de personnages qui portent en eux la marque de l'absurdité non seulement de leur condition ontologique mais tout aussi bien de leur situation sociale. Cette transformation ne s'est pas effectuée sans engendrer de sérieux bouleversements dans la conception même que l'on pouvait se faire des lois qui régissent le théâtre.

On ne s'étonnera pas que nous proposions de faire de la modification constante de la valeur de signe de loi ou légisigne du théâtre le troisième mode de croissance de la brèche théâtrale.

Tout « symbole » étant par nature un signe de loi (« légisigne »), créer des œuvres théâtres, c'est essentiellement créer des « répliques » du légisigne, chaque œuvre incarnant en quelque sorte une certaine qualité de ce signe de loi. Si, en effet, le théâtre est une représentation et une pensée évolutives, il est aussi un ensemble de règles et de lois pour lui-même, ordonnées à un but propre, à un dessein spécifique qui va se précisant au fur et à mesure où il multiplie ses interprétations, ses créations, ses traductions. C'est lui-même, en somme, comme légisigne qui détermine comment ses « répliques », entendons les différentes manifestations théâtrales, seront créées, interprétées et, dans une certaine mesure, reçues par les interprètes de tous les niveaux de la représentation. Il le fait en se fondant sur un ensemble de conventions qui constituent son « nomos », sa loi. Qui mieux qu'Ionesco a pu récemment encore en témoigner ?

> *J'ai essayé* [...] *d'extérioriser l'angoisse* [...] *de mes personnages dans les objets, de faire parler les décors, de visualiser l'action scénique, de donner des images concrètes de la frayeur, ou du regret, du remords, de l'aliénation, de jouer avec les mots (et non pas de les envoyer promener) peut-être même en les dénaturant – ce qui est admis chez les poètes et les humoristes. J'ai donc essayé d'amplifier le langage théâtral* (1962 : 86).

Comme toutes espèces de signes, les signes théâtraux, pour accéder à l'existence, doivent être interprétés, c'est-à-dire doivent être traduits en d'autres signes. Traduits et interprétés par les créateurs d'abord, mais aussi par les spectateurs. Leur usage se répandant dans une collectivité donnée, les œuvres se multiplient, qui traduisent, à la vérité, un même système théâtral déjà décrit comme une « série » théâtrale (Francœur et Francœur, 1993 : 194). Leurs signes résultent de l'observance du même « nomos », des mêmes conventions, des mêmes lois. Au fur et à mesure, en effet, où ce mouvement de croissance s'affirme, les habitudes d'interprétation se consolident au sein de la collectivité. S'il peut paraître souhaitable à certains critiques d'atteindre, pendant un laps de temps plus ou moins long, à une forme d'homogénéité dans le mouvement de création et d'interprétation des signes théâtraux, en revanche, l'assujettissement de tous les interprètes, metteurs en scène, comédiens ou spectateurs, au même « nomos » le serait beaucoup moins. Il s'agit là heureusement d'un cas limite, plus facilement concevable que réalisable, car même dans les cultures les plus unitaires nous retrouvons toujours quelques irréductibles contrevenants, quelques incorrigibles rebelles, c'est-à-dire quelques artistes. Toutefois, nous pourrions imaginer, théoriquement du moins, qu'un système sémiotique ne produise plus que très peu de nouveaux signes et nous pourrions alors conclure à la disparition d'un mouvement théâtral. Mais nous savons qu'un tel mouvement est susceptible de crises, de mutations, de métamorphoses, d'équilibres et d'états nouveaux. Beckett, au dire de Pierre Mélèse, ne fut pas le dernier à entrevoir toutes les conséquences de ces transformations plus ou moins radicales :

> *Ce que je dis,* confie-t-il, *ne signifie pas qu'il n'y aura désormais pas de forme en art. Cela signifie seulement qu'il y aura forme nouvelle et que cette forme sera d'un genre tel qu'elle admette le désordre et n'essaye pas de dire que le désordre est au fond autre chose* [...] *Trouver une forme qui accommode le gâchis, telle est actuellement la tâche de l'artiste...* (Mélèse, 1966 : 138).

Les arts du théâtre ne meurent jamais tout à fait, non plus que les cultures. Les valeurs artistiques « déchues », devenues au cours des ans des stéréotypes de conduite, sont destinées à être renouvelées. Quand, par exemple, dans une œuvre théâtrale la prédominance de la partie nomique s'affirme par trop aux dépens de la partie iconique, véritable manifestation de la création artistique, il en résulte ce durcissement, cet appauvrissement du légisigne théâtral qui se traduit dans les œuvres soit par la répétition *ad infinitum* en quelque sorte des « classiques », surtout de leurs procédés et de leurs techniques, soit par l'apparition du byzantinisme ou du dogmatisme. Alors le théâtre se loge déjà ailleurs.

> *Un auteur d'avant-garde,* pensait Ionesco, *peut avoir le sentiment* [...] *de mieux faire du théâtre qu'on ne le fait autour de lui. Sa démarche est donc une véritable tentative de retour aux sources. Quelles sources ? Celles du théâtre. Un retour à un modèle intérieur de théâtre ; c'est en soi-même que l'on retrouve les figures et les schèmes permanents, profonds, de la théâtralité.* [Comme] *Pascal avait trouvé en lui-même les principes de la géométrie* [et] *Mozart enfant avait découvert en lui-même les fondements de la musique* (1962 : 33).

C'est dans le renouvellement des signes (iconiques, indiciels et symboliques) du théâtre qu'il faut chercher les modifications significatives de son sens, lesquelles se traduiront par l'émergence de formes jusque-là inédites pour assurer que la brèche dans le temps demeure ouverte et s'agrandisse.

Nous ne pouvons espérer trouver cette brèche ailleurs que dans la médiation et l'interprétation de tous les dramaturges, de tous les interprètes qui, depuis Eschyle, nous ont proposé la représentation la plus précieuse de l'être humain, puisque tout en en assurant la saisie dans le temps ils en permettent la perpétuelle transformation en durée créatrice. Pour notre plus noble satisfaction, nous partagerons toujours grâce à cette brèche la revanche des enfants de Cronos.

BIBLIOGRAPHIE

ARENDT, Hannah (1972), *La crise de la culture,* Paris, Gallimard. (Coll. « Folio ».)

BAUDELAIRE, Charles (1951), *Œuvres,* Paris, Gallimard. (Coll. « Bibliothèque de la Pléiade ».)

BRECHT, Bertolt (1963), *Écrits sur le théâtre,* Paris, L'Arche.

CERTEAU, Michel de (1987), *Histoire et psychanalyse entre science et fiction,* Paris, Gallimard. (Coll. « Folio ».)

FRANCŒUR, Marie, et Louis FRANCŒUR (1993), *Grimoire de l'art, grammaire de l'être,* Sainte-Foy/Paris, Les Presses de l'Université Laval/Klincksieck.

GHELDERODE, Michel de (1956), *Les entretiens d'Ostende,* Paris, L'Arche.

GRACQ, Julien (1961), *Préférences,* Paris, José Corti.

HEGEL, G. W. F. (1965), *Esthétique,* Paris, Aubier-Montaigne.

IONESCO, Eugène (1962), *Notes et contre-notes,* Paris, Gallimard.

JANVIER, Ludovic (1969), *Beckett par lui-même,* Paris, Éditions du Seuil. (Coll. « Écrivains de toujours ».)

MALRAUX, André (1951), *Les voix du silence,* Paris, Gallimard. (Coll. « NRF La galerie de la Pléiade ».)

MÉLÈSE, Pierre (1966), *Beckett,* Paris, Seghers. (Coll. « Théâtre de tous les temps ».)

PEIRCE, Charles Sanders (1965), *Collected Papers.* Charles Hartshorne et Paul Weiss (édit.), Cambridge (Mass.), The Belknap Press of Harvard University Press.

RACINE, Jean (1950), *Œuvres complètes*, Paris, Gallimard. (Coll. « Bibliothèque de la Pléiade ».)

SERRES, Michel (1989), *Statues,* Paris, Flammarion. (Coll. « Champs ».)

TRUDEL, Clément (1994), « Fulvio Caccia. Plaidoyer pour un Québec transculturel », *Le Devoir,* 15 mai.

WOOLF, Virginia (1963), *L'art du roman,* traduit de l'anglais et préfacé par Rose Celli, Paris, Éditions du Seuil.

LA DRAMATURGIE DE RENÉ-DANIEL DUBOIS : UN DISPOSITIF MULTIPLEX

Dominique Lafon
Université d'Ottawa

Multi n'est pas pluri. Telle pourrait être la devise de ce colloque qui nous invite, au-delà de la petite histoire de deux préfixes synonymes, à réfléchir aussi bien sur la mode des vocables que sur les modes des formes théâtrales contemporaines. Que dit, outre la concurrence de ces deux préfixes, le titre-prétexte de cette rencontre, sinon que le théâtre a opéré une mutation qui s'inscrit justement dans ce passage de la pluralité à la multiplicité, dans une évolution qui oblige à repenser le nombre en termes de rapports ? Si la pluralité des voix est consubstantielle au texte théâtral qui repose sur l'individuation des personnages par le biais d'une caractérisation différenciée, elle a été aussi longtemps tributaire d'une nécessaire cohérence, qu'on a appelée à certaines époques unité. Unité du lieu, du temps et plus fondamentalement de l'action, autant de manifestations des limites d'une écriture plurielle, mais néanmoins profondément homogène. La modernité du texte théâtral s'inscrit désormais dans le registre de la déconstruction, exhibe l'hétérogénéité des codes spectaculaires ou linguistiques, moins pour accroître le nombre de ses composantes que pour en multiplier les connexions. De l'addition, on en serait venu à la multiplication en une synergie d'autant plus périlleuse qu'elle fait appel à des modalités issues des nouvelles techniques de la communication, il faudrait dire des communications. L'image, la bande sonore, ainsi que leur conjugaison, la chorégraphie, sont désormais les composantes obligées d'une multidisciplinarité sur laquelle nous nous penchons ici. Multi n'est pas pluri, certes, et on pourrait substituer au paradigme mathématique la dialectique de la collaboration et de la concurrence : le théâtre s'approprie-t-il les modes, comme la mode, des autres formes spectaculaires ou ne fait-il que les annexer ? Il n'est pas que le métalangage critique qui s'inscrive dans cette saisie alternative de la modernité théâtrale. Les conditions d'existence, voire la légitimité du texte théâtral constituent le point névralgique des enjeux de cette convergence ou de cette concurrence ou des deux à la fois. C'est donc chez les dramaturges, plus que chez les scénographes, que peuvent être mesurés les effets comme les apories qu'engendre cette nouvelle dynamique. L'œuvre de René-Daniel Dubois offre une exemplaire manifestation des affres de la dramaturgie contemporaine qui tente de réaliser une douloureuse conciliation du sens et de la multiplicité formelle. Cette tentative, j'ai voulu l'éclairer d'une métaphore technique, celle du dispositif multiplex, en raison certes de ses vertus préfixales, mais aussi parce que ce terme, issu de la technologie de la communication, permet d'analyser le texte théâtral, non seulement comme manifestation formelle, mais aussi comme partie prenante d'un processus pragmatique et idéologique.

Un dispositif multiplex est donc, pour ceux qui l'ignoreraient, un outil de communication qui permet de transmettre plusieurs communications (télégraphiques, téléphoniques, radiotéléphoniques) au moyen d'une seule voie de transmission. L'opération ainsi réalisée s'appelle un multiplexage, combinaison de signaux indépendants en un seul signal composite, destiné à être transmis sur une voie commune. Cette image technique est particulièrement opératoire pour la dramaturgie de Dubois qui concilie la multiplicité des références culturelles avec le *one man show* et que l'on a déjà décrit comme théâtre de voix, plus que théâtre d'action.

On peut même, à ce titre, dessiner une évolution géométrique de l'œuvre qui tend effectivement à la linéarité de la voie unique de transmission. Dans *Panique à Longueuil...*, le héros effectuait une sorte de descente aux enfers au fil des étages de son immeuble de banlieue. Les personnages qu'il rencontrait successivement et non point simultanément offraient divers, plusieurs, registres de référence sociologique ou culturelle, sur le mode de la citation ou de la caricature. Signaux distincts, mais étagés, les personnages s'inscrivaient dans une verticalité stratifiée et orientée qui autorisait, par ailleurs, une intensification graduelle de leur caractérisation. La descente de M. Arsenault réitérait ainsi l'organisation séquentielle des stations par le biais des étages, dont le dispositif culminait dans l'onirisme de la rencontre avec Fred le rat au sous-sol, c'est-à-dire aux enfers.

À ce mode vertical et sociologique de la quête, succède un mode horizontal, plus sinusoïdal que linéaire, dont le plus remarquable exemple est *Ne blâmez jamais les Bédouins*. La pluralité des voix de cette pièce repose fondamentalement sur une multiplication de la communication. Comme preuve de cela, l'existence de la deuxième version, la seule représentée jusqu'à ce jour, qui, sans modifier la structure du texte, réunit les différentes voix du texte initial en une seule, celle du narrateur, rhapsode mais aussi acteur. Cette linéarité convergente est, par ailleurs, mise en situation dans les données fictives de l'espace qui regroupent les protagonistes aux points cardinaux d'une géométrie centripète : le point de rencontre des trains lancés à pleine vitesse l'un vers l'autre est aussi l'endroit où gît Michaela, que contemple Weulf et vers lequel se dirige à tâtons Flip. Le multiplexage est ici dynamique, puisque la pièce tend à réaliser l'improbable rencontre de personnages (respectivement aveugle, enchaîné, arrêté au bord d'un précipice), de trains et d'une escadrille d'hélicoptères.

À ce multiplexage en action qui se réalise concrètement, au dénouement, dans la symbiose chorale des protagonistes sous la forme de la bête dans la première version, du narrateur dans la seconde, succède le multiplexage rétrospectif d'*Adieu, docteur Münch*... qui fait cohabiter une douzaine de personnages dans l'anamnèse du héros. *26bis, impasse du Colonel Foisy* renouera avec la modalité du monologue, car l'auteur précise en préface que « le metteur en scène peut décider de ne travailler qu'avec un seul comédien et de découper la tirade du valet et de la répartir en l'intercalant dans le texte dont il devrait autrement constituer la basse continue » (Dubois, 1983 : XXVI). La métaphore musicale, récurrente chez Dubois, n'est pas si éloignée de la métaphore technologique qui est à l'origine de cette analyse. Néanmoins, elle est moins opératoire dans la mesure où elle oblitère, par le recours implicite à l'indicible de la musicalité, les enjeux de la communication linguistique.

Après les deux concessions au réalisme que furent *Being at home with Claude* et *Le printemps, monsieur Deslauriers, ... Et Laura ne répondait rien* renoue avec le dispositif multiplex. La construction de la pièce repose sur la fiction d'un montage sonore d'enregistrements réalisés par l'infirmier, fiction redoublée par le dispositif interne d'un multiplexage selon lequel le preneur de son joue, pour le personnage principal, cinq autres personnages qui appartiennent au passé de Madame F. dont Laura, l'objet de la quête mnémonique. La dramaturgie de Dubois est donc construite, dans la majorité de ses manifestations, autour d'une récurrence formelle, la prise en charge des voix de divers protagonistes par un seul personnage ou un seul support technique. L'originalité de cette transmission est qu'elle ne repose pas sur une distanciation épique, celle du commentaire ou de la critique propre à la narration brechtienne, pas plus qu'elle n'opère une uniformisation des contenus. Les voix des personnages sont fortement individualisées par un mode de caractérisation qui distingue les codes de référence auxquels ils appartiennent.

Ce multiplexage en code se manifeste sous plusieurs formes. La plus tangible est, sans aucun doute, le recours aux accents étrangers, omniprésent dans *Les Bédouins*. Le personnage féminin, la cantatrice, s'exprime avec un fort accent italien, Weulf, avec un accent allemand, et Flip avec un accent québécois. Cette polyphonie conçue comme une quantité discrète, au sens mathématique du terme, est multipliée par le chevauchement en fréquence de langues étrangères, l'anglais, mais aussi ce que l'on pourrait identifier en un premier temps comme du russe étant donné le nom des personnages qui l'utilisent, Lénine, Staline. Néanmoins, la liste des personnages précise que, par ordre d'entrée en ondes, Lénine est sinophone, Staline russophone... De fait, les transcriptions sonores respectives du texte des deux personnages sont différentes. La saisie de cette caractérisation linguistique complexe et intentionnellement déroutante est assurée par la traduction simultanée qu'en fait parfois le personnage du Lutin vert. Installé au centre de coordination des opérations de Staline, ce personnage est la métaphore de tout le processus de communication de la pièce : il reçoit les informations en langue étrangère et les renvoie en français à des interlocuteurs fictifs qui lui répondent dans leur langue respective, au mépris de toute vraisemblance. *Dispatcher* fictif, il est aussi le *dispatcher* réel des données événementielles de l'intrigue qu'il décode, pour le spectateur, assurant ainsi le fonctionnement du multiplexage.

Ce babélisme se distingue très nettement de celui employé par Robert Lepage ou Gilles Maheu qui assurent, par le biais de la citation linguistique, la vraisemblance de la caractérisation des personnages comme la contextualisation de l'action. En fait, dans *Les Bédouins* surtout, la référence linguistique est déconstruite au moment même de son énoncé, opérant une sorte de dénonciation ludique de l'exotisme comme du mode de communication. Cette dénonciation du mode énonciatif n'est pas sans rappeler la mise en abyme du « texte sournois », ainsi que le désigne son auteur, de *26bis, impasse du Colonel Foisy,* texte dans lequel Madame met en question les données de la pièce dont elle est à la fois l'héroïne et l'interprète. Le multiplexage met ici en code les codes mêmes de la représentation théâtrale dans l'intention explicite d'exhiber la communication avec le public, public qui, au dénouement, sera incité à devenir partie prenante de la fin du spectacle. Madame s'adresse en ces termes aux spectateurs auxquels elle tend un revolver : « Qui d'entre vous sera assez aimable pour mettre fin à la représentation et nous permettre à tous d'aller dormir ? Un peu de courage, je ne suis qu'un personnage... moi ! » (Dubois, 1983 : 70).

Le multiplexage en code repose donc non seulement sur une caractérisation linguistique, mais aussi sur une transformation du rapport personne/personnage. Dans *Adieu, docteur Münch...,* comme déjà dans *Panique à Longueuil...,* l'auteur mêle les voix d'êtres humains, de personnes, à celles d'animaux, des rats, ou d'objets, la statue de la Liberté, la *Pietà,* voire les statues Civa-Lara du Taj Mahâl qui, dérision de l'exotisme oblige, s'expriment en joual. L'hétérogénéité de la caractérisation n'interdit pas une transmission commune, essentiellement vocale, assurée par les conditions de la représentation, le *one man show,* comme par le *no man's land* de la contextualisation spatiotemporelle.

Car la dramaturgie de Dubois opère, parallèlement au multiplexage en code, un multiplexage temporel qui divise le temps de la représentation, comme le temps fictif, en intervalles réguliers successifs employés périodiquement pour transmettre des éléments de signaux appartenant à des signaux indépendants. Cette description rigoureusement technologique, qui cite le dictionnaire, correspond parfaitement au traitement de la temporalité dans le théâtre de Dubois. Théâtre de l'anamnèse qui s'inscrit dans la fiction de l'agonie du personnage, donc de l'agonie de la fiction, l'œuvre tente explicitement une saisie du passé moins par l'évocation du souvenir, moins par la narration que par l'incantation, c'est-à-dire l'emploi du verbe, de la magie du verbe comme substitut du vécu, comme dernière incarnation du héros. Cette incantation qui se module en séquences alternées, véritables chants amoebées propitiatoires de l'amnésie, se clôt, dans *Adieu, docteur Münch...,* sur une revendication du personnage principal qui en explicite les véritables enjeux.

> *Savez-vous ? Faites attention aux mots, ils...* [...] *Dehors, il y a ces statues solitaires, à qui vous redonneriez la vie... Dites-leur pour moi... Non... Pour vous : il est si difficile de dire... Dites... Dites-leur... Dites... Mais vous m'écoutez... Vous m'écoutez... Vous m'écoutez...* (Dubois, 1982 : 72).

Ces dernières paroles disent assez que la survie du personnage passe par les mots de la communication avec le public, dans l'instant même de leur énonciation. Le multiplexage temporel s'inscrit dans le temps de la représentation, selon un procédé que l'on retrouve jusque dans les pièces qui mettent en scène plusieurs acteurs.

Le troisième fils du professeur Yourolov présente ainsi trois personnages, Benoît, JP et Katarina, joués par trois acteurs. Le multiplexage est complexe dans la mesure où il est à la fois en code et temporel. Le multiplexage temporel est manifeste et s'apparente assez aux exemples des pièces précédentes. Les personnages sont dans des espaces-temps différents, un présent situé au Québec et en Union soviétique, un passé lui-même subdivisé en un passé proche et un passé antérieur situé dans deux lieux différents, mais montréalais. Par contre, le multiplexage en code est au cœur de l'enjeu narratif de l'intrigue qui se présente comme une enquête–quête de l'identité, de la caractérisation : qui était Benoît ? Benoît, le défunt amant de JP, est aussi Bolivar Trois, le troisième fils du professeur Yourolov, qui a mis en scène son faux suicide, et le père de l'enfant que porte Katarina. Dans cette trinité se joue plus que le pseudo récit d'espionnage, le médiocre *thriller* de la guerre froide sur lequel l'auteur tente de fonder son intrigue, sans grand succès d'ailleurs, le dénouement demeurant totalement abscons. La fiction assure la charge symbolique d'un triangle amoureux qui est en fait une triade. Benoît est ou fut le troisième cobaye d'une expérience singulière qui mettait en place un réseau d'informations par la substitution d'état civil, les parents naturels d'un enfant acceptant de l'abandonner dès la naissance et de le confier à l'organisation qui le substituait à un autre, dans un autre pays. Benoît est aussi l'amant mort vivant d'un autre homme, et enfin le père d'un enfant qui naîtra hors du monde, sa mère étant condamnée, par l'organisation dont, comme lui, elle dépend, à une éternelle réclusion. Père putatif, couple stérile, reléguée conception, tous les éléments sont en place pour une lecture évangélique des enjeux fictifs. Dramaturgiquement, la quête de l'identité, de l'individuation du personnage mystère ou mystique qu'est Benoît s'effectue par la confrontation, le multiplexage des souvenirs des deux autres protagonistes. Ces souvenirs, tantôt dialogués, tantôt monologués, alternent avec les appels d'outre-tombe que Benoît envoie à JP, puis avec la citation des ultimes rapports qu'il a envoyés à l'organisation. Ces rapports sont en fait de véritables œuvres de fiction, des « contes » comme les appelle Katarina :

> *Nous ne comprenons plus. Il touche tous les sujets. Autrefois, c'était comme si il promenait le. Le loupe. Sur la carte géographique. Il disait tous les détails. Les moindres minuscules petites choses.* [...] *Cela devient autre chose, encore. Une autre langue. Que personne ne comprend pourquoi. Des images. Des poèmes. Des histoires. Des fables* (Dubois, 1990 : 87).

À la rédaction du rapport a succédé l'écriture de l'imaginaire, du lyrisme, du fantastique. C'est que l'expérience n'a pas survécu à son concepteur ; à la mort du professeur Yourolov, la chaîne des identités empruntées s'est interrompue. De cobaye inscrit dans une lignée de fils spirituels, le héros est donc devenu unique ; personnage dépossédé de la fiction dans laquelle s'inscrivait son identité, il ne peut désormais exister que dans les mots d'une création qui transpose les quantités discrètes du réel en contes, en paraboles, opérant un multiplexage du paradigme, une poétique du discours. *Le troisième fils du professeur Yourolov* est le premier défi dramaturgique de Dubois : construire un personnage sur des mots, tenter une poétique du personnage sur la dynamique d'un dispositif discursif qui substitue à la caractérisation de la personne de l'acteur la convergence de signaux distincts, voire contradictoires qui ne trouvent leur résolution que dans la création d'un nouveau langage, non plus référentiel mais imagé. Substituer l'image poétique à l'image concrète, comme si le texte théâtral pouvait entièrement prendre en charge la représentation dont il serait le seul support, le seul mode de communication. À la limite, cette tentative s'inscrit dans la mouvance des théories de McLuhan concernant la communication selon lesquelles le média est plus important que le message. Après l'exhibition des codes du personnage théâtral, effective dans la mise en abyme de *26bis, impasse du Colonel Foisy, Le troisième fils du professeur Yourolov* dramatise les modalités du dialogisme, pour l'affranchir des contraintes référentielles de la *mimesis*.

Dans cette perspective, la dernière pièce de Dubois, « Anne est morte », qui comporte, elle aussi, trois personnages, constitue l'aboutissement et l'aporie de cette démarche créatrice qui sous-tend le dispositif multiplex de l'œuvre antérieure. L'œuvre est peu connue, inédite, sans doute en raison du piètre accueil critique qui lui fut fait. Pourtant, à l'examen, et dans l'optique d'une mise en question de la modernité, elle est fondamentale, car elle s'énonce comme une imprécation, formule polémique de l'incantation. Le sous-titre, « Poème de temps de guerre », est, sur ce point, explicite, qui caractérise la pièce dans un registre poétique et dans un contexte politico-idéologique. Pour la première fois dans l'œuvre, le texte didascalique liminaire suggère un décor, à savoir une bibliothèque qu'une demi-douzaine de chandeliers transforment en chapelle ardente et qui porte les traces d'un sanglant combat : plusieurs des livres sont tachés de sang séché. Il s'agira bien d'une veillée mortuaire, puisque les trois personnages vont y évoquer le suicide très récent d'Anne qui, de retour de l'hôpital, au terme d'une nuit d'automne de la fin des années 1950, se donnera la mort après avoir assassiné son fils et provoqué le suicide de l'amant qu'elle partage avec lui. L'argument est grand-guignolesque ou pour le moins mélodramatique, on en conviendra. C'est que l'essentiel n'est pas, ici pas plus que dans les autres pièces de Dubois, dans la structure fictive. L'essentiel est dans les modalités de la communication entre les personnages qui parlent par citations-lectures d'œuvres littéraires, dramatiques ou philosophiques. Le jeu de la citation comme celui de la lecture exhibé par le décor est parfois signalé par les personnages eux-mêmes qui se mettent au défi d'identifier l'auteur de l'extrait utilisé, mais dans l'ensemble de la pièce le décodage référentiel est occulté. Ce qui autorise l'auteur à y insérer, incognito en quelque sorte, certains de ses propres textes. Seule la lecture du manuscrit permet une mise au jour du multiplexage culturel et scriptural qui met en fréquence l'italique et le renvoi infrapaginal. Il n'est pas jusqu'à l'identification des répliques qui ne fasse l'objet de cette multiplication des codes discursifs. Les acteurs lecteurs deviennent parfois les narrateurs de leurs personnages respectifs : le trio Anne, Armand, Antoine se dédoublant en Elle, Lui1 et Lui2.

Cette mise en scène de l'écho multiple qui s'inscrit dans l'unité concrète d'un lieu, la bibliothèque, comme dans l'unité temporelle d'une seule nuit, repose en outre sur une dynamique conflictuelle qui s'apparente au multiplexage des pièces précédentes. Les relations amoureuses explicites, Antoine est l'amant de la mère et du fils, ou implicites, l'inceste est évoqué par la référence à la Phèdre de Racine et par le meurtre final, constituent, là encore, le trio en triade. La nature de ces relations participe de cette caractérisation trigémellaire : l'homosexualité des deux hommes trouve un écho dans le personnage fictif auquel la mère emprunte son identité, à savoir l'héroïne du roman de Didier Decoin, *La dernière nuit*. Ce roman, prétexte de la pièce qui à l'origine ne devait en être qu'une adaptation commandée par l'actrice Elizabeth Chouvalidzé, raconte, à la première personne, les derniers instants de la reine Marie Stuart, sa longue veillée avant son exécution. Or, ce que Decoin invente et que Dubois retient dans sa sélection d'extraits, c'est la tentation homosexuelle d'une reine connue pour ses liaisons hétérosexuelles, tentation qui l'incite à des attouchements sur le corps d'une de ses suivantes endormie. La référence à l'homosexualité latente du personnage romanesque redouble la ressemblance des personnages dramatiques, ressemblance de la mère et du fils, mais aussi des deux hommes entre eux. L'auteur précise, en effet, dans les didascalies préliminaires qu'Armand est « la copie sport d'Antoine ». Il est clair que les trois personnages, unis par le même destin qui décline la mort en termes de suicide et de meurtre, n'en constituent qu'un. Le multiplexage des voix du dialogue qui, dans les œuvres antérieures, ne se réalisait qu'au dénouement par le biais de la fusion des personnages – *Les Bédouins* –, de la dilution du héros – *Adieu, docteur Münch...* – ou dans la substitution de l'écrit à la parole – *Le troisième fils du professeur Yourolov* – est ici la donnée initiale de la caractérisation des personnages, comme des modalités de l'écriture. À la parole, à la voix des personnages s'est substitué le texte, les mots de l'écrit qui seront lus, cités et non joués. Les véritables personnages d'« Anne est morte », ce sont les mots ; la dédicace de la pièce résume assez bien son enjeu : « Au courage de ceux qui osent affronter les flots avec les mots seulement, barque dérisoire, prière infinie. »

Le théâtre de Dubois, en sa dernière manifestation, s'affiche donc comme un théâtre du texte, une théâtralisation de l'écrit qu'il revendique comme unique mode de saisie du sens. La revendication est d'importance dans la mesure où, tout en empruntant à la modernité la multiplicité des codes, elle en nie la composante essentielle, à savoir le traitement de l'information. En effet, dans les pièces antérieures à « Anne est morte », le multiplexage des voix demeurait tributaire de la fiction d'une individualité, du support fictif d'un personnage à l'agonie, mais néanmoins en quête d'une survie cautionnée par le verbe. Ce type de multiplexage s'apparentait encore aux modalités de ce que Jean-Pierre Sarrazac désigne sous le terme de théâtre intime qui, de Strindberg à Duras, substitue au *theatrum mundi* un *theatrum mentis* qui se caractérise par l'anamnèse, la parole pléthorique, la décomposition, « les associations subjectives », ce que le personnage unique de Beckett, dans *Cette fois,* résume par cette formule :

> *Te parlant tout seul à qui d'autre conversations imaginaires l'enfance que voilà dix onze ans sur une pierre au milieu des orties géantes tout à coup tes inventions tantôt une voix tantôt une autre jusqu'à en avoir la gorge en feu et les grailler toutes pareilles bien avant dans la nuit quand ça te prenait* (...) *devisant tout seul se divisant en plusieurs pour se tenir compagnie là où jamais nul ne venait* (Beckett, cité par Sarrazac, 1989 : 129).

Mais avec *Le troisième fils du professeur Yourolov,* et culminant avec « Anne est morte », le *theatrum mentis* met à mort le support fictif d'un personnage qui a disparu ou qui n'a jamais existé que par les mots de l'autre, autre radical puisque désormais inscrit dans le texte de la citation. Le personnage d'abord auteur est devenu citation d'auteur, l'acteur, jusque-là support concret de la polyphonie, est devenu lecteur d'un texte injouable, le dictionnaire. L'information n'est plus traitée par le jeu, par la virtuosité de l'acteur prodige du *one man show,* elle est transmise dans une fragmentation d'éléments disparates qui sollicite la mémoire du spectateur.

C'est donc en utilisant une technique dramaturgique très proche, dans son agencement, de certains dispositifs modernes de la technologie des communications que Dubois déclare la guerre au mode contemporain du savoir. La guerre est là dans cette provocation implicite du texte qui condamne l'acteur à ne pas jouer le personnage et contraint le spectateur à renouer avec le savoir mnémonique. Démarche scandaleuse, violemment anachronique, car inscrite dans un contexte culturel, dans une herméneutique qu'ont redéfinie les techniques de communication. Or ces techniques ont pour mode la *transmission* d'informations, pour consigne leur *traitement,* et, sans aucun doute, pour fonction de pallier une absence, absence quasi admise, voire encouragée, l'absence de toute mémoire collective, Umberto Eco dirait de toute encyclopédie.

On ne peut s'étonner que cette dramaturgie kamikaze, suicidaire, provoque chez le spectateur le dégoût, si l'on en juge par l'article de Robert Lévesque titré « On en sort un peu dégoûté… » qui rend compte ainsi des limites de cette dramatisation de l'agonie référentielle : « On se perd dans un lyrisme de la citation, qu'il faut tenter d'identifier à chaque détour, au risque de perdre le fil, de demeurer en dehors, abasourdi, vite ennuyé » (1991). Solliciter, activer la mémoire du spectateur, c'était bien risquer de le perdre. Il n'en demeure pas moins que cette dramaturgie indigeste met en question, sur le mode du *theatrum verbi,* les limites du savoir, l'inculture de la modernité. Multi là encore s'opposerait à pluri, mais dans une curieuse inversion des valeurs qui ferait du multiculturalisme le traitement palliatif d'une raréfaction plus que d'une abondance ; un peu de tout à défaut de beaucoup, en quelque sorte. Message, imprécation irrecevable… exécutée sur le billot de la critique, chant du cygne peut-être, hymne aux signes sans doute, la dernière pièce de Dubois méritait, on en conviendra, d'être réhabilitée comme manifeste dramaturgique de toute une œuvre et d'être utilisée comme prétexte à mes propres interrogations…

BIBLIOGRAPHIE

DECOIN, Didier (1991), *La dernière nuit,* Paris, Balland.

DUBOIS, René-Daniel (1980), *Panique à Longueuil...,* Montréal, Leméac.

DUBOIS, René-Daniel (1982), *Adieu, docteur Münch...,* Montréal, Leméac.

DUBOIS, René-Daniel (1983), *26bis, impasse du Colonel Foisy,* Montréal, Leméac.

DUBOIS, René-Daniel (1984), *Ne blâmez jamais les Bédouins,* Montréal, Leméac.

DUBOIS, René-Daniel (1986), *Being at home with Claude,* Montréal, Leméac.

DUBOIS, René-Daniel (1987), *Le printemps, monsieur Deslauriers,* Montréal, Guérin littérature.

DUBOIS, René-Daniel (1990), *Le troisième fils du professeur Yourolov,* Montréal, Leméac.

DUBOIS, René-Daniel (1991a), *... Et Laura ne répondait rien,* Montréal, Leméac.

DUBOIS, René-Daniel (1991b), « Anne est morte. Poème de temps de guerre ». Inédit. [Créée le 6 novembre 1991 au théâtre du Café de la Place des Arts, Montréal.]

LÉVESQUE, Robert (1991), « On en sort un peu dégoûté... », *Le Devoir,* 18 novembre.

SARRAZAC, Jean-Pierre (1989), *Théâtres intimes,* Arles, Actes Sud. (Coll. « Temps du théâtre ».)

DU BON USAGE DES CAILLOUX

Jean-Pierre Ryngaert
Université de Paris III Sorbonne-Nouvelle

Multi apparaît deux fois dans le titre du colloque, et il n'est pas accompagné cette fois-ci de pluri, que l'on a également beaucoup rencontré ces dernières années. Pluri et multi sont d'habitude dans le même bateau, et l'on a pu croire que si un préfixe semblait être tombé à l'eau, c'était bien uni. Foin du théâtre uniforme, univoque, unilatéral, et vive la pluralité, des entrées et des (du) sens, la multiplicité des réceptions et la pluralité des lectures comme des interprétations.

On me permettra de réfléchir ici[1] sur des formes théâtrales qui font appel au multi et au pluri et qui ont semblé être des caractéristiques des années 1980, même en France. Je dis « même en France », car l'unité semble y être une valeur ancienne et fondamentale davantage prisée que la multiplicité : des universitaires et des critiques ont toujours hésité, par exemple, à appeler le théâtre baroque, par essence multiforme, autrement que préclassique, comme si tout jeu de formes ne pouvait être qu'un écart provisoire qui devait fatalement s'assagir et trouver en définitive son achèvement dans une totalité apaisante et unique : le classicisme. Multi et pluri avaient donc semblé prendre le dessus sur toutes les envies de recentrage, à en croire une floraison de textes de théâtre que l'on peut nommer par commodité comme relevant de la dramaturgie du fragment, et dont le théâtre québécois ne manque pas d'ailleurs d'exemples majeurs. Toutes les écritures multiples ne sont pas forcément des écritures du fragment, mais il s'agit d'une conséquence formelle souvent inévitable.

Il est clair que de telles formes sont porteuses d'enjeux idéologiques et qu'elles sont ressenties comme une menace pour la doxa. Il pèse

---

1. Cet article a paru, sous une forme un peu différente, dans *Les pouvoirs du théâtre. Essais pour Bernard Dort* (Sarrazac, 1994).

sur le multi le risque de l'excès et de sa conséquence, le chaos. Il pèse aussi le soupçon de l'incompétence, puisqu'une écriture multiforme peut être reçue comme une écriture qui ne choisit pas, donc comme une écriture de l'impuissance ou, pire, de la perte de sens.

Georges Banu évoque remarquablement cette question dès 1984, dans son livre *Le théâtre, sorties de secours*. François Lyotard, en abordant le sujet sous un autre angle, considère que cette évolution des écritures est inévitable, puisque l'abandon des « grands récits fédérateurs », dont il fait une des caractéristiques du postmodernisme, s'accompagne d'une vague de déconstruction qui fragmente les textes et met en question la fable.

Le débat devient tranche polémique chez François Regnaut dans la revue *Pandora* où il parle, dans un dialogue imaginaire avec un Revizor, d'œuvres « qui se copient toutes, et qui croient dépeindre la charogne avec de la charpie[2] ». Il en a davantage au fragment qu'au multiple, mais le débat esthétique à propos d'œuvres qui privilégient le « cassage de cailloux » contre le chantier où l'art commence « avec la pose d'une pierre sur l'autre », appelle un prolongement, au cas où l'avenir devrait se résumer à un rapide et exclusif retour à des œuvres recentrées, trop bien construites, ou à des textes qu'un attentif nappage protégerait de tout risque de béance. Il me paraîtrait dommage, dans un tri trop rapide qui opposerait les textes les uns aux autres, de perdre de vue une dimension capitale, celle de la réception, ou, en d'autres termes, ce qui adviendrait du rôle du lecteur et du spectateur, largement interpellés ces dernières années par des fables ouvertes et faisant donc appel à des notions plurielles. La polémique ne devrait pas non plus masquer les différences entre les œuvres discontinues et les œuvres déconstruites, les fables intermittentes et les fables abandonnées à tous les vents, ou encore les textes alternant le régime du dramatique et celui de l'épique.

On peut faire remonter assez loin dans l'histoire du théâtre ces types d'organisation. On se réfère souvent à Büchner, mais, d'un autre point de vue, on pourrait aussi prendre en compte les dramaturgies baroques, quand les volutes et les digressions ne masquent pas de leurs rondeurs exubérantes des structures très accueillantes à l'entrechoquement des épisodes et aux arêtes des récits prismatiques. Il s'agit déjà là de rendre compte d'un monde complexe, opaque, acentré, rétif aux explications définitives et aux symétries directrices.

---

2. Je me réfère à cet article dans mon livre *Lire le théâtre contemporain* (1993).

Un glissement important s'est produit à partir de la proposition brechtienne de ne pas faire reposer la fable sur une histoire continue ou unifiée. On le sait, l'usage d'épisodes autonomes est pour Brecht une façon de donner au spectateur un rôle capital, d'éviter de le captiver par le flux du récit et au contraire de l'inviter, dans les pauses, à reprendre pied dans le réel pour être en mesure de juger de la pertinence de la fable proposée. Cette construction discontinue est un des facteurs de la distanciation, au service du théâtre épique. Quand Brecht propose des « morceaux » à l'appréciation du spectateur, la façon dont ceux-ci sont cousus demeure liée à un projet global d'organisation, à une vision du monde. Si elle ne se déclare pas favorable à un récit qui ne laisserait pas le lecteur respirer, qui lui imposerait une lecture du monde très centrée, la dramaturgie brechtienne ne renonce évidemment pas à une organisation de la fable et, par là, à une interprétation du monde.

C'est à partir de ce rappel que l'on peut réenvisager les dramaturgies contemporaines. Puisqu'il n'y aurait plus de récit commun assez fort pour s'imposer à une société, le théâtre entérinerait une impossibilité de raconter autrement que de manière multiple mais aussi fragmentaire, émiettée ou, si l'on en croit Regnaut, par lambeaux, ou en succombant au culte de la charpie. Quand l'artiste renonce à rendre compte de manière unitaire d'un monde réduit à l'état de puzzle, ou qu'il fait appel à l'aléatoire, le soupçon d'impuissance ou d'imposture surgit d'autant plus vite qu'on assimile le geste de l'écrivain et l'état de son modèle. Ce mode de découpage signale pourtant une volonté d'attaquer le monde par la brisure, par le biais du silence et du non-dit, et le refus d'une vision totalisante ou bavarde qui raconterait avec autorité.

Dans cette question des formes qui font appel au multiple, il faut réexaminer la nature des liens entre les morceaux, reconsidérer la primauté du montage et la qualité de la jointure.

Jean-Pierre Sarrazac s'était montré d'emblée attentif, en s'interrogeant sur les rapports du dramatique et de l'épique, au « raccommodage », à la rhapsodie et à l'importance de « l'auteur-rhapsode de l'avenir », dont il rappelait qu'il était « celui qui assemble ce qu'il a préalablement déchiré et qui dépièce aussitôt ce qu'il vient de lier » (1981). Sa réflexion ne portait pas sur le seul effet de fragmentation, mais sur les rapports – et les proportions – du dramatique et de l'épique au sein d'une même œuvre. En me permettant un peu de prospective dramaturgique, j'avancerais qu'après tant d'appels à la déconstruction, souvent compris comme un déchiquetage exclusif de la dimension dramaturgique du récit, si l'on ne veut pas qu'un effet de balancier renvoie les auteurs vers des textes « à l'ancienne » recentrés ou même univoques, on doit s'interroger sur la qualité des liens dans les constructions multiples, l'intérêt de la rhapsodie, non seulement du point de vue des auteurs, mais du point de vue de la réception des œuvres.

Je ne prendrai ici qu'un exemple, celui de *Roberto Zucco,* de Bernard-Marie Koltès (1990), très bien accueilli par la sensibilité contemporaine. La pièce entame avec le lecteur un échange troublant autour de ce qui est donné et de ce qui pourrait manquer, entre ce qui est indispensable et ce qui pourrait sembler superflu ; elle propose la multiplicité et même la surabondance (d'événements, de personnages, de formes, de styles) et impose cependant la rareté en affirmant sans conteste qu'elle procède par morceaux. Comme lecteur de Koltès, comme spectateur de plusieurs mises en scène et comme « usager » du texte dans quelques enseignements pratiques et théoriques, j'ai été frappé de la façon dont il rencontrait des publics très différents, à chaque fois touchés par un récit pourtant elliptique ou problématique dans ses choix.

Fragmentaire, la pièce l'est par son découpage en 15 morceaux disjoints dont la succession des titres ne fournit aucun indice de continuité, puisqu'ils relèvent du fait divers ou de l'énoncé minimal (I. « L'évasion », VI. « Métro », XIV. « L'arrestation ») aussi bien que de l'allusion culturelle (IX. « Dalila », XIII. « Ophélie »), comme autant d'éclats contradictoires d'une réalité tour à tour banale ou emblématique.

La pièce fait appel à de nombreux personnages (les gardiens, la mère, l'inspecteur) qui sont convoqués pour une scène ou deux, ce qui les met au service du récit et les nettoie de toute « profondeur psychologique » ou de tout utilitarisme dramatique. De tels personnages, également « fragmentaires », sont déjà détachés d'autres récits ; nous sommes en plein dans notre problématique du multiculturel. La mère de Zucco et la sœur pourraient sortir d'un mélodrame, la famille de la gamine d'un film néo-réaliste, les inspecteurs et les putes d'une série B policière ou d'un petit Chicago emprunté à Brecht, Zucco lui-même d'une bande dessinée ou d'un poème de Rimbaud. Morceaux de morceaux venus d'ailleurs, ils passent comme les ombres de souvenirs empruntés à toutes sortes d'autres œuvres, et souvent ils parlent comme ils parlaient là où ils ont été empruntés, apportant avec eux la trace d'œuvres aimées ou brièvement fréquentées. Tous ces multiples « cailloux », qui n'ont même pas l'excuse de passer pour des pépites, parlent vite au lecteur qui les reconnaît à son usage.

Il n'est pas utile de poursuivre cet inventaire pour signaler qu'il existe entre tous ces fragments un ciment fort et très ancien, celui de la quête entreprise par un héros hors-la-loi, dont le récit suit le sujet fantasque et les arrêts inattendus, et visite quelques-unes des stations qui l'amènent vers le soleil ou vers la mort. Mais c'est surtout l'effet de montage qui provoque le lecteur à une attention sans répit, parce que les morceaux rassemblés ne sont jamais là par hasard ou qu'ils arrivent de manière surprenante alors qu'on pensait baigner dans une scène convenue ou en tout cas attendue. Ainsi l'information essentielle de la séquence III (« Sous la table ») dont le retardement (Zucco a pris le pucelage de la gamine) change toutes les données qui précèdent. De la même façon, la mère meurt alors qu'on ne s'y attend plus, en dépit du titre, et le fils de la Dame reçoit une balle dans la tête alors que la tension dramatique était comme « dénouée ». Morceaux, encore, qui viennent à chaque fois briser les certitudes du lecteur et ses scénarios prospectifs, le tenant constamment en état d'alerte, tiraillé entre le mélodrame et la tragédie, l'humour et la dérision, et toujours convié à reconsidérer ce qui semblait acquis ou terminé.

Dans de telles œuvres, la décomposition, les décentrements, les biaisements, les façons de raconter « à côté », donnent au lecteur un pouvoir inégalé, celui de procéder lui-même à des tissages, de construire du récit ou du sens en s'immisçant dans les failles du texte. Le « lector in fabula », d'Umberto Eco (1985), outre le titre d'un remarquable ouvrage théorique, redit aussi les désirs d'une époque de voir l'auteur engager une sorte de passage des responsabilités avec le lecteur (ou le spectateur), en le provoquant à construire à son tour à partir des liens qu'il détecte entre les morceaux et les multiples pistes. Il s'agit alors de savoir comment les pièces du puzzle sont agencées, quels réseaux narratifs, même discrets, demandent à être activés, comment l'entrelacs des thèmes demande à être mis au jour et aussi comment tout cela a été prémédité ou non par l'écrivain dans son travail d'agencement.

On le voit, la vraie question, celle qui engagerait l'avenir, est peut-être celle de la responsabilité. Un retour radical à l'ordre dramaturgique ancien exprimerait la nostalgie d'un auteur maître du jeu, rappelé à ses responsabilités par les exigences du discours construit. Voilà qui lèverait le soupçon d'abandon de pouvoir de l'artiste, empruntant les dépouilles du modernisme pour rejouer la vieille comédie de l'aléatoire ! Voilà aussi qui effacerait d'un coup tout ce que les récits discontinus et les effets de montage ont toujours à nous offrir comme invitations à entrer dans le jeu complexe de la construction du sens.

Le monde n'est ni plus clair ni plus construit aujourd'hui. Ce que la discussion autour du « non-fini » pose cependant avec davantage d'acuité, c'est la place que l'auteur occupe face à son « chantier d'écriture », celle de son engagement éthique ou politique ; même si, délaissant toute posture dominante, il ne faisait que s'interroger sur la « nature des liens » entre les morceaux, il échapperait au statut, difficile à tenir longtemps, de casseur de cailloux.

BIBLIOGRAPHIE

BANU, Georges (1984), *Le théâtre, sorties de secours,* Paris, Aubier.

ECO, Umberto (1985), *Lector in fabula ou La coopération interprétative dans les textes narratifs,* Paris, Grasset.

KOLTÈS, Bernard-Marie (1990), *Roberto Zucco,* Paris, Éditions de Minuit.

REGNAUT, François [s.d.], *Le Journal de Pandora,* Théâtre de la Commune d'Aubervilliers.

RYNGAERT, Jean-Pierre (1993), *Lire le théâtre contemporain,* Paris, Dunod.

SARRAZAC, Jean-Pierre (1981), *L'avenir du drame : écritures dramatiques contemporaines,* Lausanne, Éditions de l'Aire.

SARRAZAC, Jean-Pierre (1994), *Les pouvoirs du théâtre. Essais pour Bernard Dort,* Paris, Éditions théâtrales.

LE PEINTRE INVISIBLE ET LA REINE MUETTE

Jean Cléo Godin
Université de Montréal

Entre la première version des *Reines* de Normand Chaurette et celle qui a été publiée, le personnage d'Anne Dexter s'est considérablement modifié. Ce personnage, le seul que Chaurette n'a pas emprunté à Shakespeare, apparaît d'abord comme une sorte de coryphée dont le discours structure le récit dramatique, alors qu'il n'intervient dans la version finale qu'à partir du septième tableau ; et l'on sait que, dans une étape intermédiaire, l'auteur l'avait imaginé comme un personnage totalement muet[1]. Dans *La société de Métis,* par ailleurs, le peintre Hector Joyeux est non seulement muet, mais absent, alors que tout le récit dramatique est orienté vers lui[2]. À travers ces deux personnages, il me semble intéressant de soulever la question du point de vue narratif, partant de l'hypothèse que, chacun à sa façon, Anne Dexter et Hector Joyeux seraient des avatars d'une figure omniprésente dans l'œuvre de Chaurette : celle du dramaturge.

1. Anne Dexter, « femme inexistante, muette, les mains coupées », écrit Paul Lefebvre dans son introduction (1991 : 6).

2. Orientation du récit dramatique, c'est-à-dire du discours. Mais si l'absence de ce personnage est si fortement ressentie, c'est parce que le spectateur ne le *voit* pas, alors que les autres personnages qu'il regarde sur scène prétendent le voir. Aussi cette absence est-elle plutôt ressentie comme un *manque* dont l'effet paradoxal, outre qu'il frustre quelque peu le spectateur, est de prolonger le regard vers un possible infini. Dans une pièce où il n'est à peu près question que de peinture (donc de toiles et de choses *à voir*), voilà un élément de structure du récit qui comporte ses risques mais ne manque pas d'audace ni de pertinence...

*
* *

Dès la première mention du peintre, dans *La société de Métis,* le rapport au créateur est d'ailleurs explicite et si fortement marqué que l'excès de la formule – celle qui désigne Dieu, rien de moins ! – suggère en même temps la distance de l'ironie. Zoé Pé dit : « C'est un artiste. Où est-il ? Il est à la fois partout et nulle part » (Chaurette, 1983 : 55). Notons qu'Hector Joyeux, dans ce troisième tableau, n'est pas encore identifié par son nom. Notons aussi que, dans cette pièce dont tous les personnages sont, à l'origine, des tableaux de musée qui s'animent et sortent de leurs cadres, c'est à l'occasion d'une promenade sur la plage que Zoé, brusquement, interdit à son compagnon Octave Gredind (notons aussi, en passant, que ce personnage est *aveugle*) de « se déplacer » et lui ordonne de « rester dans l'angle » parce que, explique-t-elle, « il y a quelqu'un là-bas qui vous observe. Il a besoin que vous restiez immobile » (p. 54).

Zoé a donc aperçu, au loin, ce personnage que le spectateur ne verra jamais, et on peut supposer que, le voyant un pinceau à la main devant un chevalet, elle a compris qu'il s'agissait d'un peintre faisant leur portrait, celui d'Octave et le sien. Mais que vient faire ce peintre, hors champ, dans une histoire déjà invraisemblable de toiles peintes qui s'animent et dont l'une, Zoé précisément, semble devoir régler tous les mouvements et inventer le récit dramatique ? Une toile est peinte pour être vue, et c'est elle qui voit... et qui, à partir de cet instant, sera obsédée par le besoin d'acheter du peintre les quatre portraits qu'il aurait faits... des portraits qu'ils sont déjà ! Et malgré toutes ses démarches, menaces et supplications, Zoé Pé va échouer. Même assassiné par Pamela Dicksen, Hector Joyeux demeurera inaccessible : on peut tirer sur le peintre, on ne peut posséder son œuvre... « C'est étrange... la vie... », dira Zoé Pé, en se demandant si « ces gens... ont réellement vécu » (p. 141). Là-dessus « les quatre portraits font un grand sourire » (p. 142), rentrent dans leurs cadres, et c'est la fin de la pièce.

Le spectateur pourra aussi douter que ces personnages, et particulièrement Hector Joyeux, aient « réellement vécu » ; mais il sait en même temps que cela n'a pas tellement d'importance, puisque nous sommes au théâtre. Pourtant, le lecteur sait, lui, que ce peintre existe, puisque l'édition du texte comprend trois dessins dont la signature est clairement lisible : Hector Joyeux. Ce ne sont pas les portraits dont il est question dans la pièce, mais on reconnaît facilement l'atmosphère ; on reconnaît même, dans la dernière illustration, le piano du cousin de Pamela, cet Anthony Dicksen dont elle dit qu'« il souffre beaucoup à cause d'elle » (p. 67), lui aussi absent de la distribution, mais non du récit. Assez curieusement, Hector Joyeux semble lui aussi le connaître, puisqu'il aurait accueilli Pamela en lui disant : « tiens ! la cousine d'Anthony Dicksen ! » (p. 140). On peut donc considérer que ce dessin intercalé entre les deux dernières scènes est particulièrement signifiant : le pianiste est assis *à côté* du clavier (et non devant) et la signature d'Hector Joyeux mise à l'extrême limite de la toile[3], tout en bas, alors que les objets référant à d'autres personnages de la pièce – dont la canne d'Octave Gredind – semblent flotter, à l'endroit ou à l'envers, comme dans un tableau de Chagall. Or, nous ne sommes pas assez naïfs pour ne pas comprendre qu'Hector Joyeux est une fausse signature pour un vrai dessin, dont l'auteur est évidemment Chaurette lui-même, le dramaturge[4].

Aussi peut-on observer et comprendre, à partir du peintre invisible et du pianiste absent, le système qui structure ce curieux récit, son dessus et ses dessous, ou ce que Monic Robillard, dans sa présentation intitulée précisément « Portrait de l'artiste », appelle « la tension du figuratif à l'abstrait qui traverse la pièce » (1983 : 20). Le schéma essentiel nous est fourni au départ, par ces quatre tableaux faits pour être vus qui s'animent pour *voir*... mais en même temps, il faut bien le noter, pour être *mieux vus*. La focalisation[5] s'inverse doublement et, pour ainsi dire, par dépit. Il faut revenir, pour bien le comprendre, au discours que tiennent ces personnages-portraits dans la première scène. Cela commence par le dialogue farfelu que Pamela prête à la *Vénus de Milo* et à la *Joconde*[6], à partir de la distinction entre le vrai et le faux en peinture. Mona Lisa règle la question en disant « d'une voix très très solennelle : “la vie, la vraie vie, est de l'autre côté du miroir” » (Chaurette, 1983 : 40). C'est Zoé Pé qui, à partir de là, fera le lien avec les quatre portraits, car il y a dans ce petit musée une toile qui attire tous les regards des visiteurs autant que la *Joconde* au Louvre. « Encore un jour où nous venons de passer inaperçus. Il y a dans la salle d'à côté un tableau tellement plus intéressant que les

3. Autant de signes d'une parenté, pour ne pas dire d'une *identité* entre le peintre et le pianiste, l'un et l'autre en marge (doublement) du *cadre* du récit, mais au point de départ et d'aboutissement de l'acte créateur.

4. Sinon, les conventions qui régissent les droits d'auteur auraient exigé une identification du véritable auteur de ces illustrations.

5. Au sens où l'entend Genette : « une restriction de “champ”, c'est-à-dire en fait une sélection de l'information narrative par rapport à ce que la tradition nommait l'*omniscience*... » (1983 : 49).

6. « La Vénus de Milo [...] lui lâche une de ces vulgarités du style : *(accent très parigot :)* “Hé, Momo, t'as fini d'putasser ? Tu veux te faire vôler, ou tu veux te faire viôler ?” » (Chaurette, 1983 : 40).

nôtres. *L'incendie du quartier Saint-Roch* » (p. 45). Mais dans la dernière scène, de retour dans son encadrement de musée, Zoé montre qu'entre le début et la fin de cette pièce, tout a changé sans que rien ne bouge. « *L'incendie de Saint-Roch,* il est ici, Casimir. Nous sommes l'incendie. Nous brûlons tous les quatre » (p. 140). La « vraie vie » de l'art, elle le sait maintenant d'expérience, était bien « de l'autre côté du miroir ». Que les toiles censément peintes par Hector Joyeux soient désormais au musée de Rimouski importe peu, puisque le peintre lui a tout de même appris ce qu'elle devait apprendre. *La société de Métis* est bel et bien un complexe « portrait de l'artiste », et la référence implicite à Joyce me paraît plus pertinente que cette autre, également suggérée par Robillard, aux figures ibséniennes de Nora et de Hedda Gabler. « *La société de Métis* est une pièce de femmes », écrit-elle (1983 : 15). Je ne le crois pas. Comme *Portrait of the Artist as a Young Man,* elle est d'abord et avant tout un autoportrait transposé et une réflexion sur la nature même de l'art, de la même manière que le récit de *Provincetown Playhouse* repose sur le « sacrifice de la beauté ». Cette fois, le dramaturge prend avec son récit une distance non plus chronologique mais spatiale et, plutôt que de redoubler le jeu, il utilise l'envers du miroir pour affirmer l'écriture, dont la peinture sert ici de métaphore. Aussi n'est-ce pas par hasard que le peintre est particulièrement « fasciné par [les] yeux » (Chaurette, 1983 : 55) et qu'il est défini par l'un des personnages comme « cette présence qui nous étudie » (p. 72) et qui cherche à capter, au-delà ou au-dessous du visage de Zoé Pé, son « bonheur » (p. 55). « Pour l'éternité », précise Octave Gredind qui, étant aveugle, sait mieux que les autres saisir l'essentiel[7].

* * *

Le récit historique du *Richard III* de Shakespeare est aux *Reines* de Chaurette ce que les tableaux du musée sont à la construction dramatique de *La société de Métis* : posés au départ, les énoncés sont connus à l'avance et ne se modifieront que par la perspective de l'énonciation. Le geste symbolique de la scène finale par lequel Anne Warwick pose la couronne pendant dix secondes sur la tête de la centenaire et moribonde duchesse d'York dit clairement les renversements qui structurent le récit

---

7. Contrairement à Zoé Pé qui, en insistant pour *acheter* et donc *posséder* les tableaux d'Hector Joyeux, montre qu'elle ne comprend pas vraiment…

dramatique : on ne trouve dans cette pièce que des femmes qui « ne rêvent que du trône et de la couronne » (Lefebvre, 1991 : 6), mais elles ne connaissent du pouvoir que le côté obscur et le transmettent à l'envers du temps et en ayant bien conscience, comme le précise la duchesse, de se « l'usurper » (Chaurette, 1991 : 92).

Du reste, puisqu'elles ne sont pas toutes reines, le titre est un signifiant métaphorique dont le pluriel dit les aspirations communes et les rivalités acharnées : tout comme *Les Belles-Sœurs* de Michel Tremblay – et le rapprochement, si étonnant qu'il puisse paraître, me semble parfaitement justifié tant par l'actualité des deux pièces que pour la profondeur véritable de monologues apparemment désaccordés et superficiels et par le regard décapant qu'elles posent sur la société des hommes.

La pièce est précédée, dans sa version finale, d'un préambule qui ne se trouvait pas dans la première[8] et que l'auteur a intitulé « Babil des reines ». Ce titre, ajouté au rituel de l'Élévation, semble mettre en évidence la superficialité du discours – du verbiage – et le caractère ludique, quasi carnavalesque[9], du récit qu'il engendre. Ce préambule se présente d'ailleurs comme une « ballade des contraires » où le haut et le bas, les entrées et les sorties s'entremêlent : « Vous sortiez ? — Je descendais. — On entre par en bas. — Je viens d'en haut » (p. 13). Une lecture plus attentive laisse cependant voir que ce « babil » est construit comme une ouverture musicale, pour présenter les thèmes qui seront développés plus tard : la tempête sur Londres, la mort du roi et le massacre des enfants, l'aspiration à régner sur l'Angleterre.

La pièce commence véritablement avec la scène intitulée « Anne et Isabelle, sœurs de Warwick », et la phrase initiale n'a pas changé, entre la première et la dernière version :

8. Version dactylographiée que l'auteur a eu l'obligeance de me prêter avant le début des répétitions au Théâtre d'Aujourd'hui.

9. « Des farces de reines », titrait Robert Lévesque (1991 : B 3). Wladimir Krysinski souligne pour sa part la multiplicité des registres et des tonalités : Normand Chaurette « construit un dispositif discursif nerveux et méditatif, pathétique et digressif, acerbe et sarcastique. On pourrait sans doute ajouter bien d'autres adjectifs : grotesque, nostalgique ou quasi tragique », ajoutant que ce texte « présuppose une théâtralité cérémonielle, pseudo-grandiose » (Krysinski, 1991 : 121).

> *Croyez-moi Anne Dexter*
> *Cette tempête est la pire*
> *Que nous ayons jamais vue*
> *Depuis des années* (p. 15)[10].

La première réplique – autant dire toute la pièce – interpelle Anne Dexter, désignée comme allocutaire privilégiée. Mais alors que dans la première version celle-ci répondait déjà à cette première réplique, avec la sagesse et la hauteur de vue qui la caractérisent – « Il faut qu'une pensée soit vile, Anne Warwick,° Pour qu'elle ne dépasse pas l'essor d'un oiseau » –, six scènes complètes s'écouleront, dans la version publiée, avant qu'elle ne prenne la parole. Scènes où elle est à nouveau interpellée, en paroles ou par gestes, où l'on s'interroge à son sujet : aurait-elle « retrouvé la parole » (p. 19), demande Isabelle, craignant qu'elle n'exprime « à voix haute » son mépris à l'égard des autres, considérées comme des « intruses ». Anne Dexter est pourtant la plus étrangère aux préoccupations des autres, la seule à ne pas aspirer au trône : donc la seule véritable *intruse.* Elle l'est encore par rapport au sous-texte shakespearien, puisque, bien que « sœur d'Edouard, de George et de Richard », elle n'apparaît pas dans la tragédie de Shakespeare. Elle partage cette particularité avec Isabelle Warwick, mais c'est à elle seule que l'auteur affirme avoir « inventé un vécu » (Pontaut, 1991 : B 8). L'observation paraît capitale pour saisir la genèse de cette pièce qui devait être, à l'origine, une « traduction libre » commandée à Chaurette (p. B 8) : c'est donc cette Anne Dexter qui marque le passage de l'adaptation à la création véritable. On me permettra cependant de faire remarquer que l'on saura peu de choses sur le *vécu* d'Anne Dexter, enfermée dans son silence pendant plus de la moitié de la pièce, à qui les autres s'adressent ou dont elles parlent, mais sans révéler sur ce personnage autre chose que les intentions qu'on lui prête. Il me semble que le « mot de l'auteur » que le spectateur a pu lire dans le programme[11] en révèle davantage sur ce personnage interprété à la création avec une bouleversante intensité par Pol Pelletier, mais énigmatique. « Je veux, affirmait le dramaturge, dédier cette pièce aux reines qui vivent en chacun de nous, qui somnolent, mélancoliques, et qui parfois s'éveillent en sursaut, réclamant l'impos-

10. À part deux petites corrections d'ordre grammatical, seule la disposition typographique a changé. Je préférais la première, plus proche du verset shakespearien : « Croyez-moi, Anne Dexter, cette tempête est la pire° Que nous ayons jamais vue depuis des années. »

11. Et que cite Lévesque (1991 : B 3).

sible, l'absolu, l'infini. » Or, telle nous apparaît bien Anne Dexter, allocutaire à plus d'un titre, puisqu'à travers elle c'est aux spectateurs contemporains que les autres parlent. Elle n'existe même, pourrait-on dire, que pour médiatiser les discours qui traversent et structurent la pièce. Aussi, dans cette unique scène VII où Anne Dexter prend la parole, elle ne cesse de s'interroger en vain sur son identité, adressant cette interrogation à sa mère la duchesse d'York, qui lui répond :

> *Anne n'est rien*
> *Aussi vrai que toi tu existes*
> *Aussi vrai que tu es devant mes yeux*
> *Elle n'est rien.*
> *Rien. Nothing* (Chaurette, 1991 : 66).

Par le passage du « tu » au « elle », la vieille duchesse marque clairement le dédoublement du personnage, qui est à la fois dans le récit et en dehors : elle incarne l'absolue contradiction de l'acte même de la création, présence de l'absence, figure de l'absolu et de l'infini.

C'est pourquoi elle est mutilée, presque réduite au silence, celle qui observe et qu'on regarde : « l'œil du cyclone », selon l'heureuse formule de Lefebvre, cet œil qui, « au cœur de chaque cyclone », reste fixe, immobile et souverain. Ce cyclone est figuré dès le début de la pièce par le tempête du 20 janvier 1483, « la pire » à s'abattre sur Londres « depuis des années » (p. 15). Tempête politique et sanglante qui provoque le « babil agité des reines », auquel va s'opposer « l'amour d'Anne » (Lefebvre, 1991), dans sa profondeur et son intensité muettes.

Les reines, comme l'a bien noté Wladimir Krysinski, « n'est au sens aristotélicien du terme ni un *mythos* ni une *praxis*. C'est plutôt un *lexis,* un discours qui raconte l'action » (1991 : 121). Ce discours narratif, il se construit dans la confrontation et l'agitation des reines. Mais c'est le personnage d'Anne Dexter, « femme triste et silencieuse, pensive, attentive et méditative, spectatrice du théâtre de la parole et de la tragédie qui se jouent sous ses yeux », qui « devient le pivot dramatique du spectacle » (p. 124). Comme l'invisible peintre à l'origine du récit dramatique sur des objets peints, la reine muette constitue l'étonnant pivot d'un drame de la parole.

L'un et l'autre apparaissent également comme l'énonciateur privilégié du discours que choisit de tenir le dramaturge, même si l'identification au créateur est moins évidente que dans le cas de Charles Charles 38, par exemple, dans *Provincetown Playhouse.* Là s'arrête cependant la comparaison, car l'impact sur l'écriture dramatique est radicalement différent, et *Les reines* semble réaliser une alliance plus harmonieuse, plus efficace à la représentation, entre le discours dramatique et le discours sur la création. Parce qu'il demeure hors champ, Hector Joyeux n'appartient qu'au récit, non à sa représentation scénique. Anne Dexter, au contraire, s'impose d'entrée de jeu et jusqu'à la fin comme le foyer de focalisation d'où partent et où conduisent tous les énoncés du récit dramatique, qu'elle intériorise et investit avec une intensité remarquable.

Au théâtre, le langage peut être donné aux muets, mais non aux personnages invisibles[12].

12. *Fragments d'une lettre d'adieu lus par des géologues* en fournit une illustration plus probante encore : ce Toni van Saikin absent, mort à l'étranger, n'est évoqué que par des fragments qui ne constituent jamais un récit cohérent.

BIBLIOGRAPHIE

CHAURETTE, Normand (1983), *La société de Métis,* Montréal, Leméac.

CHAURETTE, Normand (1991), *Les reines,* Montréal/Arles, Leméac/Actes Sud.

GENETTE, Gérard (1983), *Nouveau discours du récit,* Paris, Éditions du Seuil.

KRYSINSKI, Wladimir (1991), « Les reines », *Cahiers de théâtre Jeu,* n° 60, p. 121-124.

LEFEBVRE, Paul (1991), « Dans l'anarchie des ombrages », dans Normand CHAURETTE, *Les reines,* Montréal/Arles, Leméac/Actes Sud, p. 5-6.

LÉVESQUE, Robert (1991), « Des farces de reines », *Le Devoir,* 24 janvier, p. B 3.

PONTAUT, Alain (1991), « Les reines hallucinées, revues par Normand Chaurette » *Le Devoir,* 12 janvier, p. B 8.

ROBILLARD, Monic (1983), « Portrait de l'artiste », dans Normand CHAURETTE, *La société de Métis,* Montréal, Leméac, p. 7-29.

LE THÉÂTRE, UN ART INTERDISCIPLINAIRE ?

Rodrigue Villeneuve
Université du Québec à Chicoutimi

Voilà le titre, un peu vague, certainement ambitieux, que j'ai fourni aux organisatrices de ce colloque il y a déjà des mois, lorsqu'elles m'ont invité à y participer. J'ai décidé de le garder, parce que c'est bien la question que je veux encore poser. Poser, j'insiste, et non pas y répondre, si ce n'est en proposant en cours de route des éléments d'hypothèses.

Il importe d'indiquer d'abord mon point de vue : c'est celui de quelqu'un qui enseigne dans un programme de Baccalauréat interdisciplinaire en arts (BIA), encore une nouveauté au Québec. Ce programme est offert par l'Université du Québec à Chicoutimi, et le théâtre s'y inscrit à côté de cinq autres disciplines : peinture, cinéma-vidéo, sculpture, *design* de création, histoire et théorie de l'art. Mélange étonnant : les écoles d'art ne visent d'habitude que ce qu'on appelle traditionnellement les arts visuels. Déjà la pratique de l'interdisciplinarité dans un tel cadre représenterait un défi de taille. Mais s'ajoutent ici le *design,* art « impur », art appliqué disait-on autrefois, l'image-mouvement et le son, avec le cinéma et la vidéo, la réflexion théorique, et enfin le théâtre !

On entend tout de suite ce que n'importe quel esprit un peu malin pourrait dire : voilà le programme typique de notre époque, l'enfant postmoderne que des conditions particulières ont fait naître à Chicoutimi plutôt qu'ailleurs au Québec. Serait-il possible de ne pas reporter trop vite sur l'enfant les qualités qu'on croit reconnaître à l'eau de son bain ? D'ailleurs, il n'y trempe pas depuis si longtemps – 1990 –, et moi qui, avec quelques autres, l'ai mis au monde, je ne sais pas encore bien qui il est – comme n'importe quel parent, me dira-t-on – et je voudrais profiter de ce colloque et de son thème comme d'une occasion pour y réfléchir un peu. Je le ferai à partir de ma discipline, le théâtre, comme « théâtrologue », si on veut utiliser ce mot affreux et prétentieux pour désigner un théoricien du théâtre, mais aussi comme metteur en scène et enseignant. Et compte tenu de la place particulière qu'occupe le théâtre dans tout projet interdisciplinaire, c'est beaucoup au théâtre que me ramènera ce parcours.

À la base du BIA, plus ou moins clairement formulé, il y a un rêve, un idéal – je reviendrai sur l'origine historique de ce rêve – : la rencontre de diverses pratiques artistiques, dans un double but. D'abord, interroger leurs frontières, les déstabiliser, bref les marquer par un voisinage que les programmes traditionnels de formation d'artistes n'offrent pas. L'autre objectif, plus ambitieux, c'est de donner naissance non pas à des pratiques renouvelées de l'art, mais à une nouvelle pratique de l'art.

Le deuxième objectif est le principal, c'est celui qu'officiellement, dans ses documents de présentation, le programme se donne. C'est le plus excitant et aussi, bien sûr, le plus problématique. Qu'est-ce à dire : donner naissance à une nouvelle pratique de l'art ? Et, question subsidiaire, quels résultats, quelles œuvres doit-on en attendre ?

Le programme définit bien en effet ce qu'il entend par interdisciplinarité, en distinguant celle-ci de la multidisciplinarité. Dans sa présentation, il reporte au champ de l'art les définitions devenues classiques en sciences et en sciences humaines. À l'époque de la conception du programme, ce report a semblé aller de soi.

La multi ou la pluridisciplinarité est un fait de juxtaposition : une recherche ou une manifestation multidisciplinaire réunit, met ensemble, à propos d'un même objet, des disciplines qui, par delà les effets d'une certaine contamination, conservent chacune leur spécificité. Il n'y a pas de synthèse de réalisée entre les différents éclairages fournis par l'approche multidisciplinaire. Il n'y en a pas dans l'opération multidisciplinaire elle-même. La charge en est laissée à l'observateur ou au spectateur.

L'interdisciplinarité est plus exigeante, pourrait-on dire, du point de vue épistémologique, puisqu'elle impose aux disciplines réunies une notion de finalité commune. Elle trouve son principe de cohérence ailleurs, à un niveau supérieur, par delà chacune des disciplines mises en cause. L'interdisciplinarité donne donc naissance, comme processus, à quelque chose qui transcende les disciplines de départ. Si on en reste à une définition de l'interdisciplinarité comme méthode de recherche ou stratégie de production de connaissances, on dira que ce résultat est une axiomatique commune. La synthèse obtenue n'est donc pas une « totalisation idéale », mais plutôt une « réduction herméneutique », un paradigme commun aux significations disciplinaires. Jean Paul Resweber, dans *La méthode interdisciplinaire,* insiste pour qu'on ne voie pas dans ce paradigme un simple dénominateur commun, mais « plutôt la symbolisation d'un non-dit ou d'un impensé vers lequel font signe les discours des disciplines » (1981 : 92).

Voilà la perspective dans laquelle le BIA s'est inscrit au départ. Naïvement ? Imprudemment ? Quand on lit attentivement le dossier de présentation du programme, on se rend compte que des contradictions se glissent ici et là, que ceux qui l'ont conçu se rabattent, à certains détours, sur une conception moins ambitieuse de l'interdisciplinarité, plus proche de la multidisciplinarité, comme dans cette citation de Roger Odin qu'on trouve dans le document :

> *L'interdisciplinarité, telle que nous la concevons, fonctionne au bénéfice de la recherche disciplinaire : elle n'est, au fond, qu'une autre façon* [...] *de favoriser, par l'interaction entre les disciplines, cette perpétuelle remise en question, sans laquelle aucune discipline ne saurait pleinement exister et se développer* (Odin, 1987 : 27).

Dois-je avouer cependant que c'est dans sa version la plus radicale que ce projet m'enthousiasme encore ? On me dira qu'on voit bien là mon âge, car ce projet n'est pas le projet postmoderne dont on a pu sourire tout à l'heure, mais une vieille ambition moderne dont nous ne serions à Chicoutimi que les héritiers plus ou moins innocents. On sourira peut-être davantage. Mais voyons plutôt.

Thierry de Duve, dans la première partie de son livre *Faire école* (1992), dessine à grands traits les modèles de l'enseignement artistique qui sont apparus depuis le XIXe siècle. Il y en aurait eu deux seulement, qui ne sont toujours pas disparus : le modèle académique et le Bauhaus. Ce n'est pas le lieu d'aborder de façon précise chacun de ces modèles. Disons seulement qu'à un premier triplet, caractéristique de l'enseignement académique – le talent, les métiers et l'imitation –, de Duve en oppose un autre, qui marquerait l'enseignement du Bauhaus – la créativité, les médiums et l'invention.

D'évidence, c'est au modèle du Bauhaus que nous nous rattachons. Or si on examine le schéma du cours des études au Bauhaus proposé par Paul Klee en 1922, qu'y trouve-t-on au centre ? La *scène,* comme espace interdisciplinaire. En effet, pour Walter Gropius, directeur et penseur principal du Bauhaus à cette époque, l'œuvre théâtrale, assimilable à l'œuvre architecturale, est un modèle de fusion des arts :

> *Comme dans l'œuvre d'Architecture toutes les parties abandonnent leur propre Moi au profit d'une animation collective supérieure de l'Œuvre Totale, ainsi dans l'œuvre théâtrale se concentre une multitude de problèmes artistiques, selon cette loi spécifique supérieure, au profit d'une nouvelle et plus grande unité* (propos de 1923, cités dans Michaud, 1978 : 68).

On ne pourrait trouver application plus exacte de la définition de l'interdisciplinarité donnée plus haut.

Voilà donc le théâtre promu par Gropius au rang d'expression artistique supérieure, pour ne pas dire idéale, précisément en raison de son caractère essentiellement interdisciplinaire. Ce texte de Gropius constitue en quelque sorte l'acte de fondation de cette idée, qui deviendra un lieu commun. On ne réexaminera jamais sérieusement ce postulat moderniste, même si, curieusement, il n'aura que peu d'effets sur le théâtre et sur l'enseignement des arts. Quelle école d'art placera, à l'exemple du Bauhaus, le théâtre au centre de son programme ? Et la formation théâtrale a-t-elle jamais eu l'idée de se déplacer du côté de la formation plastique pour s'adjoindre à elle ? Mais tout le monde tiendra pour acquis que le théâtre est un art interdisciplinaire.

Et effectivement, dans l'exercice courant d'un programme interdisciplinaire comme le nôtre, spontanément, avec toutes les ambiguïtés que cela charrie, on verra dans le théâtre le lieu le plus favorable à l'exercice de l'interdisciplinarité, son lieu « naturel ». Or, il n'en est rien. Ce que savent ceux qui en font, c'est que le théâtre est une discipline, pas un espace de pratique interdisciplinaire ; pas plus que la peinture ou la musique, il n'est, au sens strict, interdisciplinaire. C'est, me semble-t-il, ce que le Bauhaus nous apprend, paradoxalement, en ayant prétendu, avec une violence toute moderne, n'en faire qu'une *interdiscipline*.

Deux questions surgissent, qu'on ose à peine formuler : si le théâtre est une discipline, qu'est-ce qui le spécifie ? Et s'il peut, en tant que discipline, entrer dans un jeu interdisciplinaire, à quoi peut ressembler ce travail auquel le théâtre serait partie prenante ? La première, toute « ontologique » qu'elle soit, et même si elle ne peut recevoir que des réponses provisoires, peut difficilement être écartée par les théoriciens du théâtre. Quant à la seconde, elle est, on l'aura compris, ma véritable « inquiétude motrice ».

Revenons au Bauhaus. S'il y a bien eu à Weimar comme à Dessau, c'est-à-dire pendant toute la durée du Bauhaus, présentation sur scène de véritables manifestations interdisciplinaires, je pense qu'il n'y a jamais eu de théâtre. C'est d'ailleurs la *scène,* rappelons-nous, et non le théâtre qui est au centre du schéma du cours des études au Bauhaus. Les spectacles montés par Lothar Schreyer, responsable du premier atelier de théâtre, comme ceux beaucoup mieux connus d'Oskar Schlemmer *(Le cabinet des figures, Le ballet triadique),* ont tous le même caractère. Ce sont des événements où la dimension plastique domine : des formes-couleurs géométriques, le plus souvent traitées en aplats, qui bougent sur de la musique, pour former des tableaux abstraits animés. L'acteur est absent ou invisible, et le texte a disparu après les premiers essais de

Schreyer où il était déjà réduit à un matériau sonore. Si on a recours aux marionnettes – on aime bien le faire au Bauhaus –, elles sont elles aussi privées de tout caractère anthropomorphique, pour se rapprocher des meubles que Rietveld ou Breuer dessinent alors.

Cette synthèse, sans doute un rare exemple d'une œuvre interdisciplinaire, garde trop peu des caractères essentiels du théâtre pour être appelée, comme Gropius le fait, une œuvre théâtrale. Sa dimension plastique et mécanique domine trop exclusivement. Par ailleurs, cette unité supérieure que constitue ce qu'on appelle ici le théâtre n'a aucune racine au Bauhaus, n'existe sous aucune autre forme : pas de passé, pas de tradition, pas de métier (on n'enseigne pas le théâtre au Bauhaus). Il est difficile de ne pas voir dans cette sublimation du théâtre, construite sur un rejet absolu de tout ce qui avait pu le définir jusque-là, une affirmation de sa mort comme discipline autonome. On ne reprend pas le théâtre pour l'intégrer. On l'ignore. Pas étonnant que cette aventure n'ait eu finalement que peu d'influence sur son évolution.

Le Bauhaus laisse le théâtre inentamé. Peut-être fournit-il un exemple à ceux qui, comme moi, cherchent à savoir à quoi peut ressembler cet espace interdisciplinaire que le BIA dessine en pointillé comme son aboutissement. Il l'appelle, à tort, du théâtre. Mais il n'est pas le premier à le faire. Il est quand même curieux qu'à chaque fois qu'on a rêvé en Occident d'une œuvre d'art totale, ce rêve ait pris une forme qui l'apparentait au théâtre. On pense évidemment à un autre moderne, Wagner, qui, bien avant le Bauhaus, proposa lui aussi ce qu'on prit pour un modèle prophétique de l'interdisciplinarité.

Mais alors que le Bauhaus, croyant faire du théâtre, propose dans les faits un véritable embryon de manifestation interdisciplinaire, Wagner, lui, en se réclamant de ce qu'on définirait aujourd'hui comme l'interdisciplinarité, est incapable d'échapper au théâtre. Même s'il fournit un exemple dont la richesse et l'intérêt ne cessent de frapper à chaque fois qu'on y retourne, il m'apparaît clair que le modèle dynamique qu'il imagine n'est que la première expression de ce recours aux « arts frères » auquel la mise en scène moderne ne cessera de se livrer, sans devenir pour autant une pratique interdisciplinaire.

On connaît bien la proposition wagnérienne : le rêve d'une œuvre d'art universelle qui s'accomplit sur la scène, le *drame,* œuvre collective, produit de la mise en commun de tous les arts. Contrairement aux efforts du Bauhaus, ce rêve d'un *Gesamtkunstwerk* n'en est pas un de fusion, donc de synthèse, mais d'addition dans le respect des individualités disciplinaires. Chaque art (musique, poésie, peinture, danse, architecture...) fournit sa meilleure part et, sans disparaître, s'allie aux autres dans un but commun. Cette nature théâtrale de l'« œuvre d'art de l'avenir » n'est jamais remise en cause par Wagner. Il n'y a donc pas dépassement disciplinaire ici, ni même multidisciplinarité. Nous sommes plutôt en présence d'une version précoce de ce qui deviendra le mode de production de la modernité théâtrale.

En effet, toute l'histoire de la mise en scène du XXe siècle est faite d'aventures semblables. C'est vrai qu'il n'y a sans doute pas de pratiques artistiques où tant d'ouvertures, où tant d'emprunts à tous les arts se sont faits : Stanislavski à la peinture, Piscator au cinéma et à la photographie, Meyerhold à la sculpture, Brecht à la musique, etc. On sait combien sur ce plan-là la mise en scène actuelle est encore fidèle à cette tradition. Ce qu'il faut constater, c'est qu'aucun de ces apports étrangers n'ébranle le théâtre qui, après son ajout, son interaction, ne devient pas autre chose, mais continue à être du théâtre.

Qu'est-ce à dire, encore une fois ? De quoi est fait ce noyau dur qui avale le reste, le transforme en théâtre, suivant bien sûr des formes et des degrés très divers et en faisant sans cesse bouger les frontières ? Qu'est-ce qui résiste et fait que le théâtre n'est pas emporté par cette circulation, ce mélange dont il a depuis son origine été le lieu ? C'est la question de la spécificité qui revient. Mais c'est aussi mon propos : comment en fait parler d'interdisciplinarité, sans être contraint de définir la discipline ?

Une partie de la réponse à cette question de la spécificité se trouve peut-être dans cette observation que le théâtre n'a jamais réussi complètement sa révolution moderne, qu'il n'a jamais été capable d'être vraiment un art moderne, c'est-à-dire un art s'étant débarrassé du référentiel et de sa représentation, un art autonome, poétique au sens jakobsonien, autoréférentiel, suffisant. Pourquoi ? À cause de certains de ses éléments fondamentaux qui ne parviennent jamais à être totalement assimilés par la représentation, qui lui demeurent en partie extérieurs, qui lui résistent. Je veux parler de l'acteur et du texte.

L'acteur ne peut jamais être ni totalement lui-même, ni totalement le personnage : il y a toujours une part de l'un ou de l'autre qui dépasse. De même, le texte reste toujours pour une part extérieur à la représentation. Il lui résiste, il subsiste. Il est toujours, comme l'acteur, un pôle avec lequel la mise en scène – et aussi la représentation – sont placées en tension. À cause de cela, le théâtre est condamné à une sorte d'hybridité archaïque qui pourrait bien constituer ce noyau dont on parlait, qui ferait résistance à la synthèse interdisciplinaire.

Je pourrais peut-être illustrer cela à partir du *Woyzeck* mis en scène par Denis Marleau et présenté au Carrefour international de théâtre en 1994. Si ce travail, admirable sous bien des aspects, est quand même un échec selon moi, c'est pour avoir ignoré cela. C'est pour avoir prétendu à l'autonomie. La mise en scène fait comme si elle pouvait se suffire, trouver en elle-même tout son sens, en refusant le jeu avec le texte, en ne l'entendant pas et, bien sûr, en ne le faisant pas entendre : pratiquement plus de récit, plus de travail de construction sémantique (pas de ponctuation, par exemple), plus d'élaboration successive du personnage (il ne peut pas être ce qu'il dit : ce qu'il dit est sans cesse neutralisé, découpé suivant des nécessités d'abord rythmiques ou sonores). On fait ici comme si le théâtre pouvait se suffire.

Quand on fait cela, on fait peut-être le pire, c'est-à-dire une œuvre inutile, c'est-à-dire une œuvre qui ne prête plus flanc : tout se répond, bien lisse, glaçant texte et corps, qui n'ont plus rien à dire par eux-mêmes. Ai-je tort de voir là une preuve que le théâtre ne peut pas être complètement moderne ? Sans écoute du texte et combat avec lui, sans écoute des acteurs et combat avec eux, avec ces éléments toujours partiellement extérieurs à la représentation, le théâtre, dirait-on, ne trouve plus à se justifier.

L'histoire de la mise en scène montrerait, je crois, que la peinture, le cinéma, la musique, etc., sont toujours, dans la représentation, mis en rapport avec ces éléments résistants et leur présence toujours finalement réglée par eux. Il n'y a pas d'égalité, de ce point de vue, entre les systèmes scéniques. Les premiers éléments constitutifs du théâtre comme discipline seraient donc l'acteur et le texte. En outre, n'y a-t-il pas toujours « fictionnalisation » : un autre temps et un autre espace que ceux de la représentation, une autre « personne » que celle de l'acteur ? Et aussi nécessité d'une cohérence, ou d'une structuration, à quelque niveau que ce soit, c'est-à-dire nécessité du sens (plus que dans d'autres manifestations artistiques, ou plus évidemment, et contrairement peut-être à la pratique interdisciplinaire) ?

Le théâtre, comme discipline, pourra exister, existe, sans rencontrer toutes ces conditions. Cette position, celle du théâtre de pleine existence, est bien sûr relative. On ne définit pas la peinture en soi, dit de Duve, on la définit par rapport à autre chose, à un des ses contraires, par exemple la photographie. On peut la définir aussi par rapport à l'histoire ou par rapport à une pratique singulière. J'ai été contraint ici, par ma recherche de l'identité interdisciplinaire, de poser le théâtre comme *discipline,* donc d'essayer de le définir, de l'imaginer. Démarche « rétrograde », régressive, frileuse ? Nécessaire plutôt à n'importe qui le pratique, y réfléchit. C'est une description, une définition, un travail d'imagination, qui peuvent seuls, selon moi, permettre l'autre aventure, l'interdisciplinaire. On me permettra donc d'y voir autre chose qu'une démarche essentialiste… ou nostalgique !

Mais sans doute que la question la plus intéressante, c'est l'autre, celle de cet au-delà des disciplines. De quoi est fait cet espace ?

Comment est-il structuré ? Que produit-il de spécifique ? L'expérience du BIA ne permet pas encore d'y répondre, sinon… Et il serait trop long d'examiner ici les résultats de certaines expériences pédagogiques bien concrètes. Je m'en tirerai donc par trois remarques.

La première est presque une boutade : si l'interdisciplinarité, j'entends toujours l'interdisciplinarité au sens fort, en tant que synthèse et production d'une unité supérieure, n'était en fait qu'une pulsion, qu'une envie, celle d'aller au-delà des frontières, partagées au fond par tout artiste et qu'un programme comme le nôtre ne fait que placer davantage en évidence en en faisant son objectif ? L'interdisciplinarité ainsi comprise serait toujours ailleurs, toujours à venir. Elle serait eschatologique ! Ou, d'une façon plus sérieuse, elle serait une attitude, une méthode, un processus, pas un résultat, pas une œuvre spécifique, pas nécessairement en tout cas.

L'autre effet d'une mise en perspective interdisciplinaire, c'est non pas le rabattement sur la spécificité, mais le questionnement incessant des frontières et donc du lieu disciplinaire, celui d'où on parle et où on travaille. Une sorte de *via negativa* donc, fort utile, voire nécessaire, dont le parcours qu'on vient de faire pourrait être un exemple.

Enfin, d'une façon si j'ose dire plus précise, ne pourrait-on pas penser, à partir de ce qu'on a proposé comme éléments de définition du théâtre et en en prenant le contre-pied, que l'interdisciplinarité réalisée serait, non pas le lieu du multimédia, des mélanges et du n'importe quoi, comme on est facilement amené à le penser, mais plutôt celui, autrement plus risqué, d'œuvres aux sens multiples et *équivalents* et aux statuts (réel/fictif) *indécidables*.

Je crois que le théâtre fait surtout entendre. Daniel Mesguich dit que c'est là la tâche des faiseurs de théâtre : transformer les spectateurs, ceux qui à la lettre sont là pour voir, en ceux qui écoutent (Mesguich, 1991). Voilà ce qu'on a fait reculer quand le théâtre est réussi, ce qu'on a déplacé : la frontière du spectateur. Il faut peut-être oser dire que si le texte au théâtre est condition de la multidisciplinarité – c'est lui qui requiert les autres systèmes scéniques, qui peuvent tous être en d'autres lieux des disciplines autonomes –, il est aussi sa limite et la subsume toujours, c'est-à-dire l'interdit finalement. C'est donc bien ailleurs qu'au théâtre, même si celui-ci a toujours semblé son éden, qu'il faut chercher l'interdisciplinarité.

BIBLIOGRAPHIE

DUVE, Thierry de (1992), *Faire école,* Paris, Les Presses du réel.

MESGUICH, Daniel (1991), *L'éternel éphémère,* Paris, Éditions du Seuil.

MICHAUD, Éric (1978), *Le théâtre au Bauhaus,* Lausanne, Éditions L'Âge d'homme.

ODIN, Roger (1987), « Rêverie pédagogique », *Hors cadre,* « L'École-Cinéma », nº 5 (printemps), p. 7-31.

RESWEBER, Jean Paul (1981), *La méthode interdisciplinaire,* Paris, Presses universitaires de France.

LES ARTS PLASTIQUES ET LES NOUVELLES TECHNOLOGIES : AFFINITÉS AVEC L'ART THÉÂTRAL

Frank Popper
Université Paris VIII

Mon intérêt pour les liens entre arts plastiques et art théâtral ne date pas d'aujourd'hui, ni de leur seule association avec la technologie avancée. En fait, il remonte au début des années 1960 quand j'ai commencé à étudier ce qu'on peut appeler les antécédents de l'art technologique contemporain, c'est-à-dire, en premier lieu, l'art de la lumière, l'art de l'environnement et l'art de la participation du spectateur.

On peut déceler de proches affinités entre les arts plastiques de la lumière et l'utilisation directe de la lumière au théâtre dès avant le XXe siècle. En effet, à partir de 1880 environ, à l'heure des orgues à couleurs, l'éclairage par lumières électriques s'avère décisif pour l'esthétique théâtrale. C'est le moment où s'intensifie le rôle de la lumière pour renforcer la symbolique et la dynamique du drame. Scénographe et théoricien de la théâtralité, Adolphe Appia met alors en pratique l'idée qu'un jeu scénique doit se communiquer grâce à une organisation rythmée de l'espace, laquelle peut être obtenue par l'utilisation de lumières en mouvement. C'est ainsi que l'on verra, pour la première fois, un décor de théâtre se composer exclusivement de projections de lumière. Ce développement au théâtre se poursuit à travers les thèmes et réalisations d'innovateurs depuis Edward Gordon Craig et Josef Svoboda jusqu'à Jacques Polieri.

Parallèlement à cette évolution, l'art de la lumière en tant qu'art plastique s'est développé dès les années 1920, grâce notamment aux réalisations de créateurs comme Thomas Wilfred, Laszlo Moholy-Nagy, Nicolas Schöffer, Frank Malina, Dan Flavin et Martial Raysse dont une œuvre célèbre, *America, America* de 1964, se trouve dans la collection du Centre Georges-Pompidou à Paris. Raysse, à travers les œuvres de cette période, cherche à illustrer à la fois le caractère factice des temps modernes et « l'innocence » d'un nouveau mode de vie rendu possible par la technologie. L'introduction de la lumière fluorescente dans les œuvres plastiques chez Raysse a aussi un effet comparable à une illumination ponctuelle scénique.

En ce qui concerne l'art de l'environnement, on peut constater que la création plastique à l'échelle environnementale et l'élargissement de l'espace théâtral hors des limites de la scène traditionnelle ont également eu lieu simultanément, surtout à partir des années 1950. Pour illustrer la richesse de ce développement de l'aspect théâtral, il suffit peut-être de citer le cas du Performance Group de Richard Schechner et de son livre intitulé *Environmental Theater* (1973) dont les deux premiers chapitres sont consacrés à l'espace et à la participation du public. En contrepoint, j'aimerais faire allusion à mon propre livre de la même période, intitulé *Art, action et participation,* où j'ai tenté de décrire les multiples développements et applications relatifs à la notion d'environnement dans les arts plastiques. Il y est question d'environnements visuels et polysensoriels, ainsi que de nombreux environnements pluriartistiques, produits d'une création souvent collective pratiquée par des équipes de différentes disciplines artistiques ; c'est le cas des groupes russes Dvizjenie (Mouvement) de Moscou et Prométhée de Kazan.

De même, la participation du spectateur dans les arts plastiques pratiquée par des équipes comme le Groupe de Recherche d'Art Visuel de Paris ou le Groupe T de Milan a trouvé une équivalence dans l'art dramatique de la même époque grâce à des troupes comme le théâtre-laboratoire de Jerzy Grotowski en Pologne.

Du côté des arts plastiques, je ne mentionnerai pas seulement les réalisations provenant d'artistes qui se sont inspirés de la lumière, des notions d'environnement et de la participation du spectateur, mais encore celles d'artistes qui ont poursuivi leurs recherches à l'aide des nouvelles technologies. Ces nouvelles technologies utilisées à des fins artistiques et dont j'ai essayé de présenter un panorama dans un livre du début des années 1990, intitulé *L'art à l'âge électronique,* concernent le laser, l'holographie, l'ordinateur, la télécommunication et l'éco-technologie.

Parmi les artistes qui se situent à la croisée des antécédents de l'art technologique et de l'art technologique contemporain, entre l'ère mécanique et l'ère électronique, je retiendrai l'Américaine Liliane Lijn. De ses réalisations, à technologies interchangeables, une œuvre de 1993, intitulée *Inner Light (Lumière endogène),* sculpture environnementale en néon, ardoise du pays de Galles et acier inoxydable, installée à Reading, en Angleterre, fait allusion à l'énergie physique emprisonnée dans la matière et s'appuie encore sur les technologies des années 1960. En revanche, une œuvre comme *The Electric Bride (La mariée électrique),* de 1989, est déjà une sculpture animée *mixed-media* dont la technologie plus avancée est au service d'une des préoccupations esthétiques principales de l'artiste : Lijn souhaite, en effet, créer de beaux et mystérieux objets dans un espace à la fois réel et imaginaire et toucher ainsi à la sphère poétique et dramatique.

Prenons maintenant l'exemple de Yaacov Agam, un représentant privilégié des prolongements technologiques de l'art optique et cinétique. Cet artiste n'a jamais renoncé à l'expérimentation à l'aide de moyens divers y compris à toutes les technologies nouvelles. L'une des caractéristiques principales de la démarche d'Agam réside en son désir d'impliquer fortement le public dans ses œuvres. Dans les années 1950 et 1960, cette option correspondait pleinement à certains développements de l'art théâtral qui favorisaient la participation du spectateur dans le déroulement de la pièce, comme chez Luca Ronconi. Pour Agam, le concept de participation du public n'appartient pas seulement aux principes de ses œuvres plastiques transformables des années 1950 et 1960 ; il est toujours à la base d'un projet de 1962 pour un théâtre en contrepoint à scènes multiples, effectivement réalisé en 1967. Certaines œuvres spectaculaires plus récentes d'Agam comportent une mise en scène élaborée dans de vastes espaces extérieurs et s'adressent à un large public. Parmi elles, je ne mentionnerai que sa fontaine monumentale du quartier de la Défense à Paris (de 1975) et la fontaine pyro-hydraulique (feu/eau) du Dizengoff Square à Tel-Aviv (de 1986), l'une et l'autre associées à une programmation musicale instituant des spectacles pluriartistiques de grande envergure.

D'autres artistes – Piotr Kowalski et Wen-Ying Tsai en particulier – ont ouvert le passage de l'ère mécanique à l'ère électronique et, en même temps, ont eu le souci d'impliquer pleinement le spectateur dans leurs propositions plastiques. Kowalski a d'abord créé des œuvres requérant la participation du public comme *Le grand manipulateur* (1966) et *Mesures à prendre* (1972) qui témoignent de son intérêt pour les phénomènes scientifiques ; cet intérêt s'exprime par des panneaux et des installations utilisant des tubes luminescents et de simples dispositifs électroniques. Un peu plus tard, cet artiste a produit des réalisations plus complexes dans lesquelles le facteur temps n'est plus simplement un résidu de la mémoire mais devient, grâce à l'informatique, directement accessible aux sens, comme dans la *Time Machine 2,* de 1981-1982. On peut voir là quelques affinités avec certaines tentatives d'écriture et de mise en scène théâtrales d'aujourd'hui. D'autre part, Kowalski a conçu des environnements comme le *Champ d'interaction* (1983) où la présence, les gestes, la voix du spectateur modifient la composition des éléments lumineux créant un espace en constante évolution comparable à un lieu théâtral pendant une représentation très dynamique, voire assimilable à un espace urbain très animé. De son côté, Tsai a tout d'abord produit des constructions cinétiques et des sculptures cybernétiques avant de se consacrer à ses pièces interactives telles les *Fontaines jaillissant vers le haut* (1979) qui témoignent d'une volonté d'apprivoiser l'environnement tant naturel qu'artificiel.

Il faut souligner le rôle important de certaines expositions d'art de la lumière et du mouvement et, plus récemment, celui des expositions d'art technologique qui ont permis de mettre franchement en évidence les liens entre arts plastiques et art dramatique. Un exemple particulièrement parlant était représenté par l'exposition Cinétisme-Spectacle-Environnement, dans le Théâtre Mobile de la Maison de la culture de Grenoble en 1968 ; en effet, on pouvait y voir un spectacle théâtral complexe où les œuvres plastiques en mouvement et les spectateurs eux-mêmes avaient pris la place des acteurs.

Une œuvre de l'artiste américaine Terry Gips, intitulée *Insufficient Memory (Mémoire insuffisante),* de 1988, représente un exemple un peu différent des origines de l'art technologique contemporain. C'est une combinaison de plusieurs sources. Gips elle-même pense que l'interaction entre la photo, la vidéo (de même qu'entre les techniques traditionnelles – dessin, peinture, sculpture) et les nouvelles technologies numériques spectaculaires a révolutionné la communication et inauguré une nouvelle conception de l'art incluant une dimension écologique et dramatique. Cette observation peut s'appliquer à tous les secteurs de l'art technologique contemporain, depuis l'art laser jusqu'à l'art informatique et, bien entendu, jusqu'aux installations de l'art techno-écologique.

En ce qui concerne l'art du laser, on peut distinguer l'utilisation du laser dans les œuvres plastiques ou acoustiques destinées à des espaces restreints intérieurs – habitations, édifices publics, salles de musées et de spectacle – de son utilisation dans les réalisations à l'échelle urbaine. Parmi les créateurs à utiliser le laser dans le cadre de spectacles dramatiques et musicaux, je nommerai l'Américain Paul Earls. Ce compositeur et artiste a réalisé, en collaboration avec Otto Piene, *Un cirque laser* (1980) et un *sky opera* (un opéra céleste), *Ikarus* (1982). Deux années plus tard, il crée une pièce intitulée *Augenmusik (Musique pour les yeux)* pour orchestre de chambre et lasers ; il continue aujourd'hui à produire de nombreuses œuvres faisant appel au laser. Earls cherche à intégrer tous les sens dans ses œuvres afin de parvenir à ce qu'il appelle une « célébration de la vie dans la lumière ». En d'autres termes, il vise à créer une œuvre totale, un *Gesamtkunstwerk.*

Le compositeur, architecte et plasticien Yannis Xenakis a poursuivi un but identique dans quelques-unes de ses œuvres comme les *Polytopes* ou le *Diatope* qui intègrent des musiques instrumentale, concrète et électronique, ainsi que des jeux de *flashes* électroniques et de lasers.

Dans le domaine du théâtre proprement dit, des interventions à l'aide du laser ont été tentées par des artistes comme Carl Fredrik Reuterswärd et Joël Stein. À Stockholm, en 1969, Reuterswärd a juxtaposé des faisceaux laser et des images laser/vidéo au cours de productions dramatiques données dans différents théâtres et à l'Opéra de la ville. Stein, fidèle à la démarche du Groupe de Recherche d'Art Visuel de Paris dont il a fait partie, a utilisé le laser pour obtenir un espace théâtral élargi et pour faire participer le spectateur au processus créateur grâce à des miroirs maniables.

Le pionnier des réalisations laser à grande échelle est sans conteste Rockne Krebs qui a conçu d'immenses « spectacles » de plein air pour des villes américaines, dès le début des années 1970 ; il est resté fidèle à sa vision originelle dans des œuvres plus récentes comme *The Green Hypotenuse (L'hypoténuse verte),* à Los Angeles en 1983, ou *Inclined Planes (Plans inclinés)* à Johnstown, Pennsylvanie, en 1989.

L'œuvre du sculpteur israélien Dani Karavan et sa conception de l'espace plastique se prête particulièrement à la découverte de nombreuses correspondances avec l'espace théâtral en salle et davantage encore en plein air. Pour cerner cet aspect de sa démarche et en même temps sa personnalité, il faut savoir qu'il est né en 1930 à Tel-Aviv où son père exerçait les fonctions d'ingénieur paysagiste municipal. Karavan a donc passé toute son enfance sur un site en constante évolution. La conquête de la ville sur les dunes du désert est un phénomène qui a marqué pour toujours l'imagination et la sensibilité de cet artiste.

L'introduction du laser dans la démarche de Karavan se situe à la fin des années 1970, mais il avait déjà rencontré cette technique et ses potentialités esthétiques lors d'une collaboration avec le scénographe tchèque Svoboda. Karavan se sert pour la première fois du laser en 1978 lors d'une démonstration spectaculaire, doublement intitulée *Environnement pour la paix* et *Hommage à Galilée.* Dans cette œuvre, un laser de grande puissance relie symboliquement le fort du Belvedere de Sangallo, dans la périphérie de Florence, à la coupole du Duomo de Brunelleschi. En 1983, Karavan achève à Heidelberg, en Allemagne, une autre œuvre environnementale intitulée *Le pont* qui relie, toujours à l'aide d'un rayon laser, le château qui surplombe la ville avec le chemin dit « des philosophes » sur l'autre rive du Neckar. La même année, lors de l'exposition Electra à Paris, Karavan relie par deux rayons laser le musée d'Art moderne où se tenait l'exposition avec la tour Eiffel voisine et le quartier de la Défense pour tenter de rendre tangibles les relations entre événements historiques et contemporains, de même que les rapports entre créations architecturales et technologiques. Actuellement, Karavan est en train de développer un projet urbanistique dans la ville nouvelle de Cergy-Pontoise. Un rayon laser devra y suivre l'axe majeur de la ville pour lui servir de signalisation et aussi de parure. On peut dire qu'avec l'utilisation de la lumière dans un espace délimité, le sculpteur Karavan est constamment proche du scénographe.

Un exemple très parlant des principales applications du laser dans le domaine holographique, qui vont du perfectionnement des caractéristiques illusionnistes de la photographie en relief aux plus récentes formes d'art basées sur l'utilisation de la lumière, est fourni par l'artiste allemand Dieter Jung. Chez ce pionnier de l'holographie dans l'art, l'exploitation de la lumière sur les plans physique, esthétique voire théologique joue incontestablement le premier rôle.

Jung a étudié la théologie à la Kirchliche Hochschule de Berlin, dans les années 1960, tout en fréquentant l'École des beaux-arts de la même ville. Au début des années 1970, Jung produit une série de tableaux-collages faits de plumes d'oiseaux dont la structure, la texture et la gamme de couleurs réfractent et réfléchissent particulièrement bien la lumière en suscitant des illusions optiques iridescentes. Cette expérience d'art optique fut à la base de ses réalisations holographiques. Ainsi, dans une œuvre intitulée *Into the Rainbow (Dans l'arc-en-ciel)* de 1983, Jung a utilisé les découvertes de l'ingénieur américain Stephen Benton dans le domaine de la transmission de la lumière blanche qui a permis la réalisation des hologrammes à couleurs spectrales.

Dans le domaine des réalisations sur bandes vidéo, à des fins d'enregistrement ou de création conceptuelle ou formelle, et également des réalisations vidéo tridimensionnelles – sculptures, installations et environnements –, la combinaison récente de la vidéo avec d'autres technologies de pointe (notamment l'informatique) a recueilli la faveur de nombreux artistes. Dans toutes ces manifestations, on peut constater que l'art vidéo a mis en valeur des facteurs temporels spécifiques – l'instantanéité, la spontanéité, la simultanéité – ainsi qu'un nouveau potentiel de transformation créatrice de l'image.

L'humour, voire l'esprit de comédie, n'est pas absent de ce type d'art, ni d'ailleurs la référence à l'histoire de l'art récente. Un exemple nous est fourni par une œuvre de Michel Jaffrennou intitulée *Rrose Sélavy,* image extraite de la bande *Vidéoperette T. V.* (1989) qui fait allusion, bien entendu, à l'œuvre de Marcel Duchamp, mais aussi aux déguisements, à la fête, etc. Cependant, c'est dans le domaine des véritables performances vidéo que les affinités entre art vidéo et art théâtral sont les plus parlantes. Parmi les artistes éminents dans ce domaine on peut mentionner Vito Acconci, Les Levine, Jochen Gerz, Ulrike Rosenbach et

Orlan. Cette dernière a créé, en 1984, une installation multimédia, intitulée *Sainte-Orlan et les vieillards*, qui intègre le laser, l'hologramme, la vidéo, la photo et le minitel. Dernièrement, Orlan a développé ses propositions à la fois plastiques et dramatiques sous forme d'une action filmée, intitulée *Réincarnation de Sainte-Orlan, Image(s) – nouvelles image(s).* Orlan y a recours à la microchirurgie en vue de réaliser un autoportrait « psychologique » évolutif avec l'espoir de se recréer ainsi une identité imagée et imageante. En effet, Orlan s'est engagée à modifier progressivement son visage en transformant son menton de manière à imiter celui de la Vénus de Botticelli (dans la *Naissance de Vénus*), son nez afin qu'il ressemble à celui de Psyché (inspiré par l'œuvre de Gérard intitulée *Psyché recevant le premier baiser de l'amour*), ses lèvres à celles de l'Europa de Gustave Moreau (dans *L'enlèvement d'Europa*), ses yeux à ceux de Diane (de la peinture *Diane Chasseresse* par l'École de Fontainebleau) et son front à celui de la Mona Lisa de Léonard de Vinci. Orlan utilise la vidéo digitale pour filmer ses propres transformations faciales obtenues par de vraies opérations de chirurgie esthétique. Costumée, maquillée, tenant le double rôle de vedette et de metteur en scène, Orlan dirige, sous anesthésie locale, toute l'équipe chirurgicale ainsi que les équipes de vidéastes et de photographes qui enregistrent l'événement. Je serai tenté de dire qu'au-delà de ses « problèmes » psychopathologiques éventuels dont il est devenu banal de se moquer ou de s'indigner, Orlan est très consciente des implications socioesthétiques de sa démarche qui fait bouger sensiblement l'image convenue de la femme-objet tout en éclairant celle de l'artiste et de l'acteur à la fois sujets et objets.

L'art de l'ordinateur ou l'art informatique, quant à lui, est au cœur même de l'art technologique contemporain. On peut constater différentes phases de développement de cet art et y distinguer les différents supports dont il se sert. Les manifestations les plus avancées dans ce domaine ont trait aux images de synthèse numérique, aux installations combinées vidéo-ordinateurs et aux environnements « virtuels ». Ici les affinités avec les arts du spectacle sont très prononcées. Prenons par exemple les installations de Jeffrey Shaw, *La ville lisible* de 1990 et *Le musée virtuel* de 1991. Elles sont conçues comme des manifestations théâtrales à la mise en scène dynamique et aux décors changeants. Dans *La ville lisible,* l'identité psychologique de la ville (New York ou Amsterdam) devient tangible sous la forme d'une mise en scène tridimensionnelle et « littéraire » que le spectateur parcourt interactivement sur une bicyclette fixe. *Le musée virtuel* donne au spectateur l'illusion de traverser les murs de la pièce où l'écran vidéo contrôlé par l'ordinateur est installé et de pénétrer dans une première salle de musée où sont accrochés des tableaux, dans une deuxième salle où sont exposées des sculptures, dans une troisième salle consacrée à des images cinématographiques, puis dans une dernière salle remplie d'images de synthèse.

Le *Viewing System (Système de visualisation)* de Scott Fisher date de 1990 et présente également de fortes affinités avec l'art théâtral de par l'utilisation quasi scénique de l'espace et de par la participation intense du spectateur. Dans cet environnement virtuel, le spectateur-participant revêt un casque stéréoscopique et stéréophonique ainsi que des gants numériques pour tenter de parvenir à une multisensorialité totale et inédite. Fisher se sert du terme de « téléprésence » préférablement à celui de réalité virtuelle pour désigner la nature de cette expérience environnementale. Selon lui, la téléprésence évoque avant tout la technologie qui permet de se sentir matériellement présent dans un lieu et dans un temps différents de ceux rencontrés habituellement.

Parmi les nombreux artistes engagés dans une recherche sur les images de synthèse numérique, je citerai en premier lieu un artiste français, Hervé Huitric, et l'équipe universitaire à laquelle il appartient. Leur recherche a déjà donné des résultats comparables à certaines réalisations théâtrales et cinématographiques, en particulier celles qui mettent l'accent sur le jeu de l'acteur et plus encore sur celui du mime.

Les recherches plastiques de Huitric ont tout d'abord porté sur la couleur et se sont poursuivies par des tentatives de simulation de la réalité du corps humain. Huitric et son équipe se sont attaqués à un problème technique et esthétique complexe : celui de la computérisation des expressions faciales et des articulations vocales. D'autre part, l'équipe s'est également penchée sur la computérisation de la marche, de la danse, des sauts, et même des applaudissements ! Cette recherche, fondée sur le développement de logiciels d'images tridimensionnelles fixes ou animées, à vocation artistique, ne se limite pas à simuler le prototype de l'expression faciale, de la voix et des mouvements du corps en général ; elle tente de reproduire et de recréer une grande variété de ces modalités. Ainsi Huitric et son équipe ont analysé les modifications les plus subtiles du visage (le battement des cils, le froncement des sourcils, le pincement de la bouche, le plissement des joues, la dilatation de la pupille, etc.). Pour mener à bien cette expérimentation, l'équipe de Huitric s'est assuré les services de Richard Bohringer, un acteur de cinéma bien connu en France.

La speakerine de synthèse, qui date de 1990, représente un autre exemple des réalisations de cette équipe mixte, artistique et scientifique, composée de Huitric, Monique Nahas, Marie-Hélène Tramus et Michel Santourens. Il s'agit là d'un dispositif interactif d'images de synthèse, décrit en détail par Tramus dans sa thèse de doctorat (1990). La speakerine est un personnage animé, en trois dimensions, capable de prononcer, avec une voix synthétique, tout texte écrit au préalable par un utilisateur.

De son côté, Gudrun von Maltzan, une artiste allemande de formation graphique et scénographique, s'inspire ouvertement de l'univers théâtral pour produire la plupart de ses œuvres informatiques. Ainsi, dans un épisode de ses *Histoires naturelles* (1988), sur bande numérique vidéo, l'écrivain romantique E. T. A. Hoffmann et l'acteur Ludwig Devrient vident joyeusement plusieurs bouteilles en menant des discussions grotesques. Ivres, au bord d'une dispute à propos d'un nu de Rubens, chacun voit l'autre se métamorphoser en figures fantastiques qui finissent par se dévorer l'une l'autre.

L'art de la communication est issu de l'électrographie ou du Copy Art et inclut la télématique, les réseaux interactifs et le Satellite Art. C'est sans doute la forme d'art technologique à s'aventurer le plus loin dans le domaine de la participation et de l'interactivité. Nous sommes là au cœur d'une véritable correspondance avec les recherches théâtrales de ces dernières années, issues des actions, des *events* et des *happenings* de la période allant de 1960 à 1970.

L'art de la communication est bien représenté dans l'œuvre de Roy Ascott. Cet artiste anglais a tiré parti de la principale caractéristique du système vidéo (c'est-à-dire sa capacité à favoriser l'interactivité grâce à un nouvel espace créé par la mémoire informatique) en abolissant les contraintes temporelles et spatiales des traditionnelles communications directes entre deux personnes. L'une de ses premières réalisations utilisant des médiums télématiques s'intitule *The Pleating of the Text : A Planetary Fairy Tale (La plissure du texte : un conte de fées planétaire* – en hommage au *Plaisir du texte* de Roland Barthes). Conçu pour l'exposition Electra, au musée d'Art moderne de la ville de Paris en 1983, ce projet incluait la création d'un texte par ce que l'artiste appelle un « auteur dispersé », en l'occurrence par des groupes d'artistes résidant dans 11 villes du monde entier. Ces groupes étaient reliés par un réseau électronique. L'histoire se développait progressivement : tous les jours chaque groupe envoyait son morceau de texte aux 10 autres groupes *via* un centre de retransmission. Ce texte était accessible aux visiteurs de l'exposition Electra qui pouvaient en prendre connaissance, le discuter et le modifier pendant toute la durée de la manifestation.

Fred Forest et le groupe international d'artistes et théoriciens auquel il appartient représentent un autre exemple de l'art de la communication, assez différent du premier, appelé de manière un peu floue « Esthétique de la communication ».

L'affinité de la démarche de Forest avec l'art théâtral est particulièrement lisible à travers une action comme celle de São Paulo au Brésil, en 1973, qui porte le titre de *Promenade sociologique à Brooklyn-São Paulo*. Forest, après avoir fait paraître une annonce dans la presse locale incitant le public à s'inscrire au musée des Beaux-Arts afin d'effectuer cette promenade avec lui, invitait les participants à se déplacer dans le quartier selon un itinéraire préparé à l'avance. À chaque étape, le groupe visitait le disquaire, le fruitier, le cordonnier, la banque, le supermarché, l'église et enfin une galerie d'art. Forest visait par là l'investigation d'une zone urbaine localisée à travers ses différentes vocations, commerciale, administrative et culturelle, et souhaitait inciter son public-participant à faire l'expérience de la réalité quotidienne, à mettre à jour les relations internes entre les différentes activités sociales et économiques et à créer des micro-événements de communication permettant l'établissement d'une circulation de l'information par intervention directe sur le milieu.

Une autre branche de l'art technologique contemporain réunit les œuvres d'art directement inspirées par des phénomènes naturels ou par leur interprétation scientifique. Elles prennent souvent la forme d'installations, de manifestations ou de performances. Elles sont ainsi, surtout grâce à ces dernières, proches de réalisations théâtrales. L'interface technologie-écologie est exploitée par cette catégorie d'œuvres pour proposer une réconciliation entre la rapide évolution scientifique et technologique et la protection de nos ressources naturelles.

Chez Jürgen Claus, artiste et théoricien allemand, les principaux éléments de l'univers physique ont toujours joué un rôle essentiel et, pour commencer, l'élément aquatique. Son projet *Planète océan*, de 1988, vise une « écologisation » de la technologie en partant des sciences physiques. Il y utilise de l'eau, deux lasers, deux caméras vidéo, des néons et une sphère à la surface réfléchissante symbolisant la terre. Cette œuvre se veut une représentation des profondes modifications de notre perception de la terre et du système planétaire, au moment où nous approchons d'une conscience holistique de l'univers physique.

Après avoir exploré la terre et l'eau, Claus a porté son attention sur la relation entre eau et lumière. Dans ses *Sculptures solaires,* Claus a utilisé l'énergie solaire pour produire de l'électricité sous l'eau, à l'aide de cellules photoélectriques fixées à des plates-formes flottant sur l'océan. Il obtenait ainsi un éclairage apte à révéler les structures et couleurs complexes d'un environnement subaquatique. L'une de ses œuvres des plus spectaculaires et des plus complexes, *Le carrousel des soleils,* a été réalisée au Manège de Reims en 1991. Cette installation occupait un espace de 530 mètres carrés au sol et employait divers moyens technologiques. Elle visait à être perçue et interprétée comme une forme unique, illustrant l'union entre des phénomènes naturels et des phénomènes d'origine humaine, entre l'écologie et la technologie. Cette installation baignait dans une lumière bleutée tandis que les mots « âge solaire », formés par des tubes fluorescents, annonçaient symboliquement une nouvelle ère.

Piene, déjà cité à propos du *sky opera Ikarus* et d'autres réalisations théâtrales, nous fournit encore un témoignage exemplaire de la relation entre l'art, la nature et la technologie, grâce à des accents particulièrement spectaculaires. Son activité a été marquée par l'exploitation maximum du potentiel des techniques dont il pouvait disposer, en relation avec les éléments naturels, l'air et l'eau entres autres. Mais Piene a également apporté une contribution décisive aux objectifs esthétiques et sociaux du Sky Art, qui constitue son activité artistique principale depuis quelques années, en organisant de spectaculaires événements polysensoriels – les Sky Art Conferences et Festivals, suivis par un très grand nombre de spectateurs.

Parmi ces manifestations, on pourrait mentionner *Sky Kiss (Baiser céleste),* réalisée en collaboration avec Charlotte Moorman, à Munich lors d'une Sky Art Conference en 1983, ainsi que *Flying Heartbeat (Battement de cœur volant),* réalisée au Sky Art Festival d'Anchorage, Alaska, en 1987, en collaboration avec Chris Janney et Elizabeth Goldring.

Enfin, je donnerai un dernier exemple, celui d'un artiste qui a utilisé des technologies avancées afin de créer une interface entre l'art, la nature et la science. Il s'agit de l'Américain Todd Siler. Son œuvre comporte une forte composante théâtrale dont témoigne son installation intitulée *The Brain Theater of Mental Imagery (Le théâtre cérébral de l'imagerie mentale)* de 1983. C'est une œuvre *mixed-media* sur toile synthétique, aluminium et verre, qui allie l'art, la neurophysiologie et la physique nucléaire, afin d'explorer les relations réciproques entre le cerveau humain et l'univers physique. De petits tableaux montés sur un « écran cortical » représentent le cerveau comme une sorte d'étoile et évoquent de façon dynamique les processus de fission et de fusion caractérisant l'univers physique. L'ensemble de cette installation ressemble à s'y méprendre à un décor de théâtre. Siler a également écrit un livre intitulé *Breaking the Mind Barrier* qui a comme objectifs de décoder l'univers en décodant le cerveau, et *vice versa,* tout en brisant les barrières qui séparent la culture, le savoir et l'expérience quotidienne.

Dans cet article, j'ai passé en revue un certain nombre de réalisations d'art technologique contemporain présentant des caractéristiques théâtrales certaines ou qui se réfèrent à des éléments de la création dramatique : la mise en scène et la scénographie en premier lieu, le jeu et la performance de l'acteur et l'implication du public au spectacle. Référence a été faite également aux innovations dans les domaines de la spatialité, de la temporalité, voire dans la communication, l'interactivité, la simulation et l'intelligence artificielle par ces plasticiens de la haute technologie.

On pourrait conclure qu'il n'y a pas seulement un parallélisme certain entre art plastique et art dramatique, mais encore que les contributions des plasticiens dont j'ai parlé affectent fortement l'univers théâtral tandis que, réciproquement, les innovations techniques et esthétiques actuelles dans le domaine du théâtre ont de plus en plus d'influence sur les arts plastiques. Peut-être pourrait-on aller plus loin encore et assumer que ces réalisations présagent une évolution radicale, celle de l'abolition des frontières entre le théâtre et les arts plastiques et également entre toutes les différentes formes d'art, pour aboutir à des expressions multiartistiques et multiculturelles plus adaptées à notre nouveau mode de vie.

BIBLIOGRAPHIE

POPPER, Frank (1967), *Naissance de l'art cinétique. L'image du mouvement dans les arts plastiques depuis 1860,* Paris, Gauthier-Villars.

POPPER, Frank ([1980] 1985), *Art, action et participation,* 2e éd., Paris, Klincksieck.

POPPER, Frank (1993), *L'art à l'âge électronique,* Paris, Hazan.

SCHECHNER, Richard (1973), *Environmental Theater,* New York, Hawthorn Books.

TRAMUS, Marie-Hélène (1990), « Dispositifs interactifs d'images de synthèse ». Thèse de doctorat, Paris, Université de Paris VIII.

LA PLACE DU TEXTE DANS LE THÉÂTRE ACTUEL

Carole Fréchette

Centre des auteurs dramatiques

Pour un auteur dramatique, répondre à la question « quelle est la place du texte dans le théâtre actuel ? » a quelque chose d'un peu malaisé. C'est comme si on lui demandait de statuer sur sa propre importance dans le processus de création théâtrale. La réponse qui lui vient spontanément est évidemment que la place du texte est – ou devrait être – capitale. Je suppose que si on demandait à un metteur en scène de se prononcer sur la place de la mise en scène à l'heure actuelle, il y aurait de fortes chances qu'il réponde dans le même sens. Lorsque l'on m'a invitée à participer à cette table ronde, j'ai donc pensé, avec un sourire en coin, que j'allais me contenter de lancer deux ou trois superlatifs pour dire toute l'importance que j'accorde au texte, et donc à ma propre activité, dans le théâtre actuel, et qu'ensuite je me tairais. Mais, bien sûr, je me suis ravisée..., en sachant bien qu'il ne s'agissait pas de moi, ni même de l'auteur en général, mais bien du texte et de son évolution dans la mouvance des dernières années.

Je me suis alors reportée aux années 1984-1985, alors que j'écrivais ma première pièce, *Baby blues*. La question de la place du texte dans le théâtre était alors pour moi presque une obsession. La production théâtrale était marquée par l'apparition d'un fort courant de théâtre gestuel et formel, où s'entremêlaient la danse, la musique, les arts plastiques dans une approche nouvelle, multidisciplinaire. Le texte n'était pas nécessairement absent de ces spectacles, mais il n'en était pas, loin s'en faut, le principe organisateur.

On s'enthousiasmait alors pour ces nouveaux courants menés par des metteurs en scènes comme Bob Wilson, Richard Foreman, Meredith Monk, Pina Bauch, ici Gilles Maheu, Jean Asselin, Michel Lemieux, Robert Lepage (qui commençait à montrer ses couleurs avec le spectacle *Circulations*). Des créateurs qui le plus souvent ne venaient pas du théâtre mais des arts plastiques, de la danse, du mime, de la musique.

Du côté du texte dramatique, on parlait de pénurie, de stagnation. On disait que, depuis la fin des années 1950, après qu'il eut volé en éclats sous la plume de Ionesco, qu'il se fut nié lui-même sous celle de Beckett, le texte dramatique n'était plus « dans le coup », ne savait plus les mots pour traduire la réalité morcelée d'aujourd'hui.

Pourtant, il y avait, parallèlement à ce courant, des écritures en mouvement. Il y avait Heiner Müller, Peter Handke, Franz Xaver Kroetz, Botho Strauss, Bernard-Marie Koltès (qui commençait à peine) ; ici, il y avait René-Daniel Dubois, Normand Chaurette, Michel Marc Bouchard, pour ne nommer que ceux-là. Mais, de façon générale, il ne semblait pas exister de pont entre leurs textes et ces nouveaux créateurs considérés comme étant à la fine pointe de la production théâtrale. Tout se passait comme si ces deux tendances évoluaient sur des lignes parallèles : d'un côté les auteurs et leur recherche sur le texte, de l'autre les nouveaux metteurs en scène – créateurs multidisciplinaires – qui préféraient travailler à partir de romans, de poèmes, de collages de toutes sortes, plutôt qu'à partir d'un texte dramatique, si « moderne » fût-il. Tout se passait comme si ce n'était pas par le texte que le théâtre avançait.

C'est dans ce climat, marqué par la remise en question du texte dramatique, que j'ai commencé à écrire pour le théâtre. C'était, je l'avoue, extrêmement inconfortable. J'avais la désagréable impression d'arriver trop tard à la fête, ou l'impression d'être venue à la mauvaise fête, la moins fréquentée, la moins excitante, pendant que le vrai *party* se passait ailleurs, à un autre étage, dans la musique féroce de la postmodernité. Je me sentais un peu bête, avec mes personnages et mes situations dramatiques, au milieu des ballons vaguement dégonflés de la tradition théâtrale.

Je ne parle pas ici d'un malaise superficiel qui viendrait d'une frustration de ne pas être « à la mode ». Je crois que ma préoccupation était plus profonde et plus légitime que cela. J'étais déchirée, en fait, entre deux sentiments contradictoires : d'une part, la pulsion qui me poussait à écrire pour le théâtre et, d'autre part, mon impression, qui était à l'époque partagée par plusieurs, que le texte n'arrivait pas aussi bien que tous ces spectacles multidisciplinaires à dire l'éclatement du monde. Et pourtant, l'écriture m'attirait comme un aimant.

J'avais lu quelque part, à cette époque-là, ces mots de Roland Barthes : « Être moderne, c'est savoir ce qui est mort. » C'est dans ce sens-là, je crois, que j'avais le « souci de la modernité ». Autant je suis persuadée qu'un auteur doit écrire conformément à ses propres pulsions sans se soucier de ce qui est à la mode, autant je pense qu'il doit avoir une conscience diffuse, ou instinctive, de ce qui est moderne, c'est-à-dire qu'un auteur doit savoir ce qui est mort. Un auteur doit sentir les limites des formes, il doit les presser, les serrer de près, les retourner, les détourner pour en extraire, chaque fois, une vie nouvelle. L'objectif n'est pas de mériter une quelconque étiquette de modernité ou postmodernité – cela n'a évidemment aucune importance en soi –, mais bien de créer un objet vivant, qui tient le spectateur en éveil, le secoue, le surprend, lui parle d'aujourd'hui avec une sensibilité d'aujourd'hui.

J'arrivais donc à l'écriture dramatique avec la crainte d'entrer dans une forme moribonde. Ce n'étaient pas les mots qui me posaient problème – à la limite j'aurais pu écrire un roman, un poème et les livrer à un metteur en scène pour qu'ils lui servent de « matériau à collage » ; ce qui m'embêtait vraiment, c'était la pièce de théâtre en bonne et due forme. J'avais le sentiment aigu qu'il fallait secouer la pièce de théâtre, la hachurer, la découper, la passer au *blender,* la battre comme un tapis pour en faire sortir toute la poussière des siècles, la frapper sur un mur jusqu'à ce qu'elle saigne ! Je me sentais à l'étroit, piégée dans ses règles et ses structures. Il me semblait que, pour rendre compte du morcellement, de la confusion de nos vies, il fallait qu'à son tour le texte soit morcelé, brouillé, troué, syncopé, répété à l'infini... Inaudible à la limite. Mais comment écrire l'inaudible ?

J'ai donc écrit ma première pièce dans le doute du texte. *Baby blues* porte les marques de cette lutte qui se faisait en moi entre l'envie de faire vivre des personnages et la résistance à toute forme dramatique traditionnelle.

C'était en 1985. Depuis, beaucoup de choses ont changé en moi, et autour de moi. Je ne me pose plus la question du texte de la même façon Et je ne la sens pas non plus vraiment dominante dans l'environnement théâtral. Il me semble au contraire qu'on assiste à une espèce de retour de la parole sur scène.

Que s'est-il passé ? Tout ce courant de théâtre d'image n'est pas disparu, mais il s'est beaucoup transformé. Certains créateurs ont trouvé leur véritable force dans ce langage multidisciplinaire, d'autres se sont contentés de faire du surf sur la crête de cette nouvelle théâtralité et ont échoué discrètement sur les rives de l'oubli.

Une chose est sûre, ce courant a modifié (et continue de modifier) le théâtre. Il a montré avec éloquence le pouvoir, la force d'évocation et d'expression de certains éléments de la représentation : le corps des acteurs, la lumière, la scénographie, l'espace... Le théâtre d'ici, qui avait jusqu'alors peu développé l'écriture scénique, a certainement profité plus qu'un autre de ce foisonnement d'images fortes, de corps déliés, de musiques envoûtantes, de beauté muette.

Après être resté longtemps dans la zone du texte, il était normal, sans doute, que le balancier du spectacle monte bien haut du côté de l'image. Est-il au bout de sa course ? Il me semble, quant à moi, qu'il a déjà commencé à redescendre et qu'il repassera bientôt par le centre de la pendule, ce bienheureux centre où tout est permis, où le texte et l'image ne s'opposent pas, où peuvent non seulement cohabiter mais collaborer les écrivains scéniques et les écrivains tout court.

Plusieurs signes pointent à mon avis dans cette direction, en tout cas dans le théâtre québécois, qui est celui que je connais le mieux. On sent, ici, une certaine impatience face à des écritures scéniques si léchées, si parfaites en quelque sorte, qu'elles ne laissent plus passer un courant de vie. Je sens autour de moi des envies d'imperfection, de saleté, l'envie d'un contact plus direct entre la scène et la salle. Je sens, confusément, l'appel de la parole.

Les nouvelles voix qui se font entendre, celles des moins de 30 ans, passent de nouveau par le texte. Un texte revisité bien sûr, qui porte les marques de l'évolution récente du théâtre, mais un texte tout de même. Des créateurs comme Dominic Champagne, Jean-Frédéric Messier, Michel Monty sont à la fois auteurs et metteurs en scène. La question qui les pousse en avant, celle qui est sous-jacente me semble-t-il à leur travail, n'est plus celle de la place du texte dans le théâtre – on ne sent plus ce besoin de se libérer du texte –, mais plutôt celle, plus urgente et plus ouverte sur le monde, de la place du théâtre dans la société. On sent chez cette nouvelle génération l'urgence de la parole.

Mais, me dira-t-on, ces auteurs-metteurs en scène sont bien placés pour résoudre la contradiction écriture scénique/écriture dramatique, puisqu'ils touchent à l'une et à l'autre, ayant le loisir de transformer, au fur et à mesure des répétitions, une partition dont ils sont les seuls répondants. Qu'en est-il du texte dramatique écrit dans la solitude et proposé comme élément de base, comme principe organisateur de la représentation ?

Mon intuition est que ce texte, cette pièce de théâtre, un peu mise en veilleuse au cours des dernières années, connaît maintenant un nouveau souffle. Il me semble qu'après avoir beaucoup regardé on a envie d'écouter. Cela ne veut pas dire de fermer les yeux, mais simplement de tendre l'oreille.

Pour ma part, à ma propre petite échelle, je sais qu'à un moment précis j'ai décidé d'accepter. Accepter les mots, accepter le texte dramatique, non pas comme une structure figée mais comme un réseau de formes avec lesquelles on peut jouer, duquel on peut, encore et toujours, faire jaillir une vie nouvelle.

Cela m'est venu, je pense, en écrivant les *Quatre morts de Marie*. J'ai commencé par combattre férocement cette idée d'une pièce qui raconterait quatre moments de la vie d'une femme, en suivant, quelle horreur !, l'ordre chronologique de cette vie. Une pièce qui aurait, oh !

scandale !, une certaine linéarité. J'ai longtemps chassé cette idée de mon esprit, puis j'ai cessé de résister. Je n'ai pas pour autant renoncé à la « modernité », mais disons que j'ai décidé de la laisser émerger au lieu de me l'imposer.

C'est au moment où j'ai cessé, en quelque sorte, de lutter contre le texte, contre la pièce de théâtre, que mon écriture a trouvé, je crois, sa propre façon d'être moderne.

À tort ou à raison, je n'ai plus du tout, en écrivant des pièces de théâtre, l'impression d'être allée au mauvais *party*. Il me semble que des couloirs de communication ont été percés et que ça circule de plus en plus d'une fête à l'autre. Ma préoccupation est maintenant beaucoup plus tournée vers l'extérieur, vers tous ceux pour qui la fête est organisée, tous ceux à qui nous voulons nous adresser, et qui, eux, ont trop souvent l'impression de ne pas avoir été invités à la fête en question.

INTERROGER LA PLACE DU TEXTE AU THÉÂTRE

Normand Chaurette

Interroger la place du texte au théâtre dans un colloque ayant pour thème la multidisciplinarité équivaut à tester l'hégémonie que des siècles d'histoire ont d'emblée attribué au texte dans notre culture occidentale. Ne serait-ce que par la place qu'il occupe dans la chronologie des étapes menant à la représentation, là où advient enfin le théâtre, il a sans doute été naturel de croire, en des époques où la technologie ne pouvait autrement restituer l'événement théâtral dans son ensemble, que la trace privilégiée de toute l'entreprise résidait là où apparemment elle était née, d'où elle pouvait renaître. La spécialisation des métiers de la scène, et plus principalement l'intérêt porté à la mise en scène au XXe siècle, jointe à un essor de la création impliquant d'office les artisans de la scène et des ressources techniques à l'intérieur du processus de l'écriture nous font à présent remarquer l'abus que constituerait un statu quo de la hiérarchie conventionnelle dans notre perception d'ensemble d'un processus qui, dès l'origine, impliquait déjà l'idée d'un éclatement dans son extension.

Nul n'est sans doute mieux placé qu'un auteur dramatique pour constater le dedans et le dehors de l'entreprise. Là où vraisemblablement son travail s'arrête, il lui semble forcément que son univers commence. Il serait donc tout aussi abusif pour lui de nier une prépondérance du texte dans son observation du monde, dont les horizons se définissent quant aux espérances inscrites dans l'unité de sa solitude, là où repose toute sa foi. Un acte existe à la base : faut-il dès lors en conclure qu'il perd de son unicité, de sa singularité et de sa primauté sous un prétexte multidisciplinaire ?

Je crois pour ma part que la question de hiérarchie en tant que telle est un piège. Je crois que répondre à la question « quelle est la place du texte dans le théâtre actuel ? » impliquerait, là encore, un aspect immuable à l'intérieur d'une pratique qui ne survit, à mon sens, qu'en désactivant les forces, en les interrogeant, en déplaçant les pôles, en neutralisant le pouvoir du texte pour y opposer celui de l'acteur, en désacralisant les dogmes tout autant qu'un projet artistique doit combattre l'industrie tout en s'y acoquinant. Je crois au fond que le théâtre est un serpent qui, ayant une fois compris la souplesse de ses autorités successives, vise un défi ultime : celui de se frayer un chemin dans un univers culturel donné, le sien, dans sa contemporanéité.

Honorer sa place, la nier – ce mouvement d'aller-retour consignant l'indispensable humilité de l'artiste face à l'immensité qu'il convoite – serait sans doute la seule réponse plausible. Quelle serait la place du désir dans une relation de couple ? Quelle serait la place du coup de foudre dans un mariage à venir ? Inexistante sans le travail, sans la négociation, sans la cérémonie, sans la vie. Le texte aurait ainsi une place prépondérante au théâtre à condition qu'on l'en déloge. À condition que l'auteur, le premier, entre consciemment dans le jeu et ne perde pas de vue l'acteur, en l'occurrence son indispensable lecteur, médiateur, lequel, s'il doit répondre un jour de sa place dans l'univers au milieu duquel il s'estime peut-être roi, se souviendra que sans texte ni plateau il n'est rédempteur de personne. Ni plus ni moins qu'un auteur de théâtre auquel on ne ferait signe.

D'UNE PRATIQUE THÉÂTRALE, QUELQUES IDÉES INCERTAINES

Denis Marleau
Théâtre UBU

• Force est de constater que l'acte théâtral est rarement conçu comme un processus d'approfondissement artistique. La scène, aujourd'hui, se réduit le plus souvent à une production événementielle, comme s'il n'y avait d'artiste que producteur, comme si la création se concevait tel un marché avec un ensemble de produits à exploiter et à échanger, à diffuser et à médiatiser.

• L'équation théâtre expérimental = théâtre pauvre s'appuie sur une grande naïveté théorique certes, mais je crois qu'elle se fonde d'abord sur une incapacité politique à subvenir à un tel théâtre. En effet, pour faire de l'expérimental et de la recherche, il faut un maximum de support technique, donc beaucoup d'argent.

• Je ne vois pas la nécessité de porter un chapeau d'expérimentateur pour bousculer la plus petite habitude de voir et d'entendre, ou pour ébranler un spectateur bien installé dans son fauteuil ou mal assis sur les gradins d'un lieu théâtral improvisé. Je crois que « faire du théâtre », c'est accomplir un geste qui est toujours expérimental, puisque l'art par définition est expérimental.

• Atelier, *workshop, work in progress* ou laboratoire sont des mots passe-partout dont on abuse trop souvent au théâtre. Fréquemment, ils ne cachent que des heures de répétition à rattraper à cause du manque de disponibilité d'une équipe de création ou tout simplement d'une mauvaise planification. Dans le pire des cas, ils témoignent d'une incapacité de sauter dans l'art, sans filet, de s'élancer vers l'inconnu.

• À la suite de plusieurs succès, toute compagnie de théâtre se voit attirer dans ce piège : répéter des procédés pour maintenir son rayonnement ou sa reconnaissance. En quelque sorte, faire de la création une question de *standing*.

• Dans le domaine des échanges avec l'étranger, le problème n'est pas tant celui du voyage que celui de l'accueil, bien plus exigeant encore.

• Il y a quinze ans, je me suis intéressé aux avant-gardes historiques par idéalisme, en rêvant d'une œuvre d'art totale pour la scène. Depuis lors, j'ai perdu quelques illusions, quoique, encore aujourd'hui, ce qui alimente ma pratique de metteur en scène se situe en dehors du théâtre. Pour moi, tout vient de la vie et de l'art des autres.

• Vouloir faire de la mise en scène implique forcément qu'à un moment donné on s'intéresse à des artistes d'autres générations et parfois de cultures éloignées. Les créateurs de théâtre qui ont exercé sur moi la plus grande influence au cours de mes années de formation ont été Kantor, Strehler, Vitez et, surtout, Grüber et Chéreau qui continuent encore de me provoquer. Au Québec, je n'ai rencontré ni maître ni modèle.

• Au cours des dernières années, en tant que spectateur j'ai trouvé au Nouveau Théâtre Expérimental (NTE) un esprit de liberté et d'essai par rapport aux modes traditionnels et institutionnels de production qui a inspiré mon approche du geste théâtral. Les créations de Ronfard et de Gravel, si inachevées et broche à foin soient-elles, ont toujours cette grande qualité de stimuler l'esprit et l'intuition créatrice et cela, presque toujours dans l'humour et la dérision, qui sont bien nécessaires à l'art et aux artistes.

• Pour ma part, je n'ai jamais conçu et monté des spectacles pour toucher le grand public. Cette notion de grand public est d'ailleurs ubuesque. On ne peut pas mesurer la valeur d'un produit artistique seulement à l'étendue de son public. Quant aux débats sur la légitimité du metteur en scène, ils sont bien inutiles. Ce métier est une vocation fugitive qu'il faut réapprendre à chaque expérience.

• Je ne fais pas des mises en scène pour devenir propriétaire de spectacles. Une représentation théâtrale ne doit jamais devenir la propriété de qui que ce soit. De toute façon, je dirais, pour paraphraser Antoine Vitez, que je conçois ce métier comme une spécialisation du rôle de l'acteur.

• Je tente de mettre en pratique une idée complexe du théâtre en œuvrant sur le concept de relations : relations interculturelles, interlinguistiques, relation d'intégration des langages plastiques, chorégraphiques, musicaux, etc., parce qu'il me semble que pour concevoir et créer un théâtre du présent, il ne suffit plus d'être spécialisé ou de s'enfermer dans sa culture, il faut devenir un praticien de la complexité.

• Je refuse l'étiquette de spécialiste d'un certain type de théâtre, comme d'ailleurs me semble absurde cette idée qu'un théâtre se voue exclusivement à la production de textes contemporains, québécois ou de quoique ce soit d'autre. Ce n'est pas la date de création d'un texte ou sa provenance qui établit la valeur artistique de sa représentation. On peut monter des textes d'ici et d'aujourd'hui sans réussir à éclairer notre temps, notre réalité. Et l'inverse est évidemment vrai.

• Je travaille avec des plasticiens et des compositeurs qui, en temps normal, n'ont rien à faire avec le théâtre. Avec ces artistes j'ai autant sinon plus d'atomes crochus qu'avec la plupart des professionnels de la scène. Question de sensibilité probablement ; question aussi de pouvoir instaurer un dialogue transversal avec d'autres pratiques artistiques d'aujourd'hui. Cette idée de transversalité du théâtre est vraiment importante à mes yeux ; elle correspond à un besoin vital d'ouvrir plusieurs pistes à la fois, en remettant en cause aussi nos habitudes de création théâtrale, nos façons souvent trop automatiques de penser l'art.

• La coproduction avec l'étranger interpelle les assises des milieux théâtraux de chaque pays participant, parce que sont mobilisés pour cela des budgets et des outils de production, mobilisation que directeurs de compagnies et metteurs en scène considèrent parfois comme l'abandon d'autant de projets de théâtre plus modestes et nécessaires. Pourtant, malgré le risque que ce genre de création théâtrale se transforme en maison préfabriquée, malgré les effets de décalage que peut comporter inévitablement la coproduction avec différents partenaires, elle me semble devenue presque inévitable. D'abord, parce que de nos jours les sources de financement doivent être multipliées pour permettre la concrétisation d'un projet artistique d'envergure. Ensuite, parce que la coproduction peut être une rampe de lancement vers le voyage et l'inconnu, tant pour les artistes que pour les spectateurs. Ce type de projet ouvert sur l'échange et l'altérité peut également offrir autre chose qu'un divertissement, en encourageant l'esprit de recherche, en élargissant le champ des expériences humaines et artistiques.

• Tout artiste doit apprendre à exporter sa pensée, son langage et ses modes d'expression pour les confronter à ceux des autres.

• Le Théâtre UBU est une petite plate-forme de production, une cellule de création qui devrait avoir aussi comme but de créer des actions intempestives et impertinentes, spécifiquement conçues pour le public montréalais.

TABLE DES MATIÈRES

COLLECTION « LITTÉRATURE(S) »

Déjà publiés

Aurélien Boivin,	POUR UNE LECTURE DU ROMAN QUÉBÉCOIS. DE *MARIA CHAPDELAINE* À *VOLKSWAGEN BLUES*
Aurélien Boivin, Gilles Dorion et Kenneth Landry (dir.),	QUESTIONS D'HISTOIRE LITTÉRAIRE. MÉLANGES OFFERTS À MAURICE LEMIRE
Frances Fortier,	LES STRATÉGIES TEXTUELLES DE MICHEL FOUCAULT. UN ENJEU DE VÉRIDICTION
Hans-Jürgen Greif (dir.),	ARTS ET LITTÉRATURE
Hans-Jürgen Greif (dir.),	LE RISQUE DE LIRE
Chantal Hébert et Irène Perelli-Contos (dir.),	THÉÂTRE, MULTIDISCIPLINARITÉ ET MULTICULTURALISME
Lucie-Marie Magnan et Christian Morin	LECTURES DU POSTMODERNISME DANS LE ROMAN QUÉBÉCOIS
Denis Saint-Jacques (dir.),	L'ACTE DE LECTURE
Denis Saint-Jacques et Roger de la Garde (dir.),	LES PRATIQUES CULTURELLES DE GRANDE CONSOMMATION. LE MARCHÉ FRANCOPHONE
Union des écrivaines et écrivains québécois,	DÉVELOPPEMENT ET RAYONNEMENT DE LA LITTÉRATURE QUÉBÉCOISE : UN DÉFI POUR L'AN 2000

Révision du manuscrit : Marie-Andrée L'Allier et Linda Fortin
Coordonnatrice à l'édition et correction des épreuves : Linda Fortin
Composition et infographie : Isabelle Tousignant
Conception graphique : Anne-Marie Guérineau

Diffusion pour le Canada : Gallimard ltée
3700A, boulevard Saint-Laurent, Montréal (Qc), H2X 2V4
Téléphone : (514) 499-0072 Télécopieur : (514) 499-0851
Distribution : Socadis

Diffusion pour la Suisse : Le Parnasse Diffusion
20, rue des Eaux-Vives, Genève, Suisse
Téléphone : 41.22.736.27.26 Télécopieur : 41.22.736.27.53

Diffusion pour l'Europe : Exportlivre/Librairie du Québec
30, rue Gay-Lussac
75005, Paris, France
Téléphone : (1) 43.54.49.02 Télécopieur : (1) 43.54.39.15

Diffusion pour les autres pays : Exportlivre
C. P. 307, Saint-Lambert (Qc), J4P 3P8
Téléphone : (514) 671-3888 Télécopieur : (514) 671-2121

ACHEVÉ D'IMPRIMER
CHEZ AGMV « L'IMPRIMEUR » INC.
CAP-SAINT-IGNACE (QUÉBEC)
EN MAI 1997
POUR LE COMPTE DE NUIT BLANCHE ÉDITEUR

Dépôt légal, 2e trimestre 1997
Bibliothèque nationale du Canada
Bibliothèque nationale du Québec

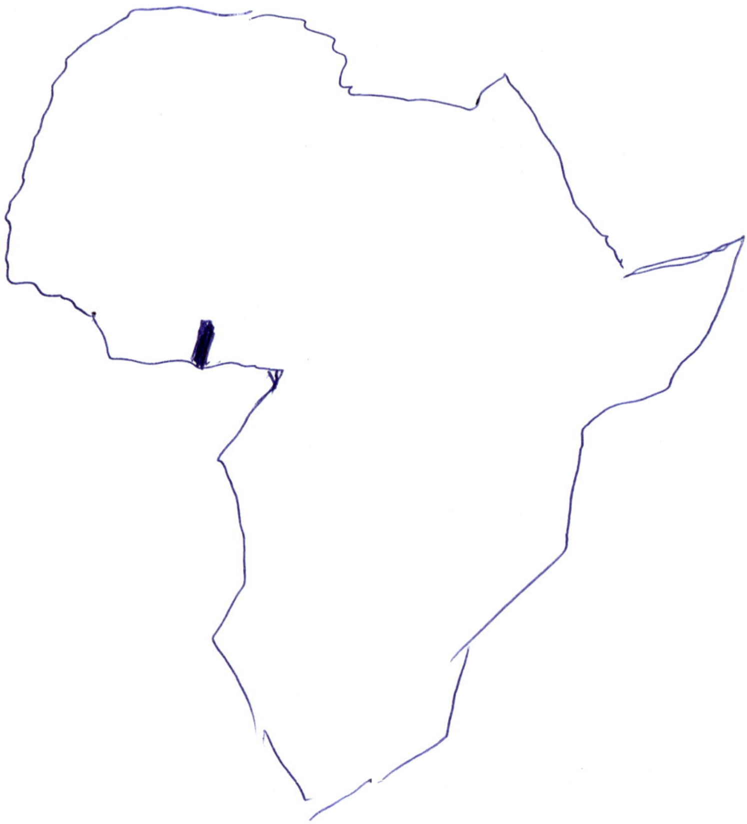